Michael Turner

Cuando los Dragones Regresen
Guía Esotérica Para la Nueva Era

Título original: *When the Dragons Return – Esoteric Guide for the New Age*
Copyright © 2025, publicado por Luiz Antonio dos Santos ME.
Este libro es una obra de no ficción que explora prácticas y conceptos en el ámbito de la espiritualidad y el esoterismo. A través de un enfoque holístico, el autor ofrece herramientas para comprender la energía de los dragones y su papel en la evolución espiritual de la humanidad.
Primera Edición
Equipo de Producción
Autor: Michael Turner
Editor: Luiz Santos
Cubierta: Studios Booklas / *Marcos Elías*
Consultor: *Gabriel Nuñez*
Investigadores: *Luz del Valle / Elena Tavares / Julián Ríos*
Diagramación: *Camila Duarte*
Traducción: *Ariana Gómez*

Publicación e Identificación
Cuando los Dragones Regresen
Booklas Publishing, 2025
Categorías: Esoterismo / Espiritualidad
DDC: 133.43 – **CDU:** 133.5
Todos los derechos reservados a:
Luiz Antonio dos Santos ME / Booklas Publishing
Ninguna parte de este libro puede ser reproducida, almacenada en un sistema de recuperación o transmitida por cualquier medio —electrónico, mecánico, fotocopia, grabación u otro— sin la autorización previa y expresa del titular de los derechos de autor.

Contenido

Prólogo 5
Capítulo 1   ¿Qué son los Dragones? 8
Capítulo 2   Dragones en la Historia y las Mitologías 14
Capítulo 3   Dragones en el Esoterismo y la Espiritualidad 20
Capítulo 4   ¿Por Qué Se Marcharon? 27
Capítulo 5   El Retorno de los Dragones 33
Capítulo 6   Los Dragones y los Cuatro Elementos 39
Capítulo 7   Dragones de Fuego 45
Capítulo 8   Dragones de Agua 50
Capítulo 9   Dragones de Tierra 55
Capítulo 10   Dragones de Aire 60
Capítulo 11   El Despertar Espiritual y los Dragones 66
Capítulo 12   Portales Energéticos 73
Capítulo 13   Conexión con los Dragones 83
Capítulo 14   Dragones como Guardianes Espirituales 90
Capítulo 15   Evolución de la Conciencia 97
Capítulo 16   Dragones y la Energía Kundalini 104
Capítulo 17   Dragones y la Protección del Planeta 112
Capítulo 18   Dragones en la Magia y los Rituales 120
Capítulo 19   Encuentros con Dragones 127
Capítulo 20   Los Linajes Dracónicos 134
Capítulo 21   Guardianes de las Líneas Temporales 141
Capítulo 22   Dragones Interdimensionales y el Multiverso 149
Capítulo 23   Dragones en la Nueva Era 155

Capítulo 24 Meditaciones con Dragones 162
Capítulo 25 Invocaciones y Círculos de Energía 169
Capítulo 26 Cómo Honrar a los Dragones 175
Capítulo 27 Mensajes del Inconsciente................................ 180
Capítulo 28 Desarrollo Personal 186
Capítulo 29 Cómo Sentir la Presencia de los Dragones........... 191
Capítulo 30 Los Maestros y Guardianes............................... 196
Capítulo 31 O Chamado Final 201
Epílogo 206

Prólogo

Con gran convicción, presento a los lectores una obra fundamental para la comprensión de uno de los misterios más persistentes de la historia humana: los dragones. Lejos de las fantasías superficiales que pueblan el imaginario popular, este libro revela la verdadera naturaleza de estas criaturas majestuosas, desvelando su papel crucial en el equilibrio energético de nuestro planeta y en nuestra propia evolución espiritual.

Desde tiempos inmemoriales, la figura del dragón resuena en las mitologías de culturas esparcidas por todo el globo, incluso aquellas que jamás tuvieron contacto entre sí. Esta universalidad no es mera coincidencia. Atestigua una realidad ancestral, un conocimiento profundo que reside en el núcleo de nuestra conciencia colectiva. La serpiente alada Quetzalcóatl, los dragones celestiales de China, el temible Leviatán y los guardianes de tesoros europeos son manifestaciones distintas de una misma verdad primordial: los dragones son seres elementales, fuerzas de la naturaleza personificadas, intrínsecamente ligados a nuestra salud espiritual.

Los dragones son mucho más que invenciones de la fantasía. Son seres de alta frecuencia vibracional, entidades elementales que compartieron nuestro planeta por eras. La visión holística aquí presentada demuestra que el creciente alejamiento de la humanidad de su propia esencia espiritual, nuestra desconexión con la naturaleza y la búsqueda incesante de un materialismo vacío crearon una disonancia energética que volvió nuestro mundo inhóspito para estas criaturas de pura energía. Fue esta desconexión la que llevó a su alejamiento de nuestro plano de existencia.

Sin embargo, el autor, con profundo conocimiento y sensibilidad, revela que estamos en un momento de transición crucial. El despertar de una nueva conciencia espiritual en diversos sectores de la sociedad, el renovado interés por la naturaleza y la búsqueda de un propósito de vida más elevado están, gradualmente, restaurando la armonía vibracional de nuestro planeta. Y con esta restauración, surge la fuerte convicción, amparada por evidencias e intuiciones crecientes, de que los dragones están regresando.

Es fundamental comprender que un encuentro con un dragón verdadero no se asemeja a las representaciones cinematográficas de batallas épicas contra fieras escamosas. Los dragones, en su naturaleza elemental, se manifiestan principalmente en el plano energético y espiritual. Las experiencias de aquellos que sintieron su presencia son diversas y profundas: sensaciones de calor intenso, ondas de energía vibrante, una presencia imponente y protectora, sueños reveladores, intuiciones claras y la percepción de símbolos cargados de significado.

Estos seres no son meros guardianes de tesoros materiales, sino guardianes de sabiduría ancestral y portadores de un poder transformador inmenso. Su regreso no es una amenaza, sino un llamado. Una invitación para que la humanidad reavive su llama espiritual, para que restaure el equilibrio con la red de la vida y para que abrace un futuro de mayor conciencia y armonía.

Este libro no es una teoría vaga, sino una exposición clara y afirmativa sobre la verdadera naturaleza de los dragones. El autor, con su profunda comprensión del tema, presenta evidencias e *insights* que comprueban la existencia de estos seres elementales y su papel vital en nuestra jornada evolutiva. Al desmitificar la imagen distorsionada perpetuada por la cultura popular, esta obra ofrece una nueva perspectiva, invitando al lector a abrir su mente y su corazón a una realidad mucho más rica y misteriosa de lo que jamás imaginó.

Si usted siempre sintió una inexplicable conexión con los dragones, si intuiciones profundas lo guiaron hasta este libro, o si simplemente busca una comprensión más profunda de las fuerzas que moldean nuestro mundo, entonces está listo para recibir la verdad aquí revelada. Prepárese para una jornada de descubrimiento que lo hará ver el mundo – y a sí mismo – bajo una nueva luz.

Con la certeza de que esta obra transformará su percepción,

Luiz Santos Editor

Capítulo 1
¿Qué son los Dragones?

Los dragones son más que meras criaturas de la fantasía; representan arquetipos profundos que atraviesan culturas y eras, simbolizando fuerzas primordiales que influencian el mundo y la propia existencia humana. En su esencia, incorporan la dualidad entre destrucción y creación, caos y orden, desafío e iluminación. Desde las más antiguas civilizaciones, sus historias se entrelazan con mitos de dioses, héroes y sabios, sugiriendo que su presencia trasciende el plano meramente mitológico. Algunos los ven como seres físicos que otrora caminaron entre los hombres, mientras que otros los comprenden como manifestaciones energéticas, guardianes de conocimiento ancestral y portadores de verdades ocultas. Sus representaciones varían ampliamente, pero siempre cargan consigo un sentido de poder inconmensurable y misterio insondable, reforzando la idea de que no son solo figuras imaginarias, sino símbolos que resuenan con aspectos fundamentales de la jornada humana.

A lo largo de la historia, los dragones fueron descritos de maneras distintas, dependiendo de la cultura que los registraba. En Occidente, su imagen fue ampliamente asociada al terror y a la destrucción, retratados como fieras colosales que escupen fuego y devastan reinos enteros. Muchas leyendas medievales los colocan como obstáculos a ser vencidos por valientes caballeros, reforzando la metáfora del enfrentamiento de los propios miedos y limitaciones. En cambio, en Oriente, especialmente en la tradición china y japonesa, los dragones son reverenciados como entidades benevolentes, conectadas a las fuerzas naturales y al equilibrio universal. Son vistos como seres sabios, portadores de fortuna y protección, influenciando cosechas, ríos e incluso el destino de las naciones. Estas diferencias reflejan no solo visiones distintas sobre lo desconocido, sino también la manera en que cada civilización encaraba los desafíos de la existencia y el papel de las fuerzas que rigen el cosmos.

Más allá de las leyendas e interpretaciones mitológicas, muchas tradiciones esotéricas y espirituales consideran a los dragones como entidades que trascienden la fisicalidad, existiendo en dimensiones sutiles e interactuando con aquellos que están preparados para comprender su energía. Son descritos como guardianes del conocimiento sagrado, protectores de portales dimensionales y aliados de aquellos que buscan la verdad más allá de las apariencias. Esta visión atribuye a los dragones una función mucho más allá de la figura mítica de bestias colosales, insertándolos en un contexto de transformación espiritual y conexión con fuerzas superiores. La relación entre los humanos y los dragones, en este sentido, no se da por medio de dominación o sumisión, sino de aprendizaje y evolución.

Aquellos que se permiten comprender su presencia acceden a una sabiduría profunda, capaz de iluminar caminos y revelar verdades que permanecen ocultas para la mayoría.

La mitología y el folclore los describen como seres inmensos, muchas veces alados, con escamas resistentes, garras afiladas y ojos que cargan la intensidad de una llama eterna. En Occidente, la imagen más común es la del dragón que escupe fuego, símbolo de poder y destrucción. En Oriente, especialmente en China y Japón, los dragones son seres celestiales, asociados a la fortuna, a la sabiduría y al equilibrio de las fuerzas naturales. Estos contrastes revelan algo esencial: los dragones no son solo figuras mitológicas, sino representaciones arquetípicas de fuerzas primordiales que la humanidad siempre buscó comprender.

En los círculos esotéricos y holísticos, los dragones son vistos como energías conscientes, poseedores de conocimiento ancestral y guardianes de portales interdimensionales. No pertenecen solo al plano material, sino que transitan entre dimensiones, influenciando eventos e individuos cuando es necesario. Se cree que aquellos que consiguen sintonizar su energía pueden acceder a información oculta, protección espiritual y un poder interior que trasciende la comprensión común.

Las antiguas civilizaciones registraron historias que sugieren encuentros reales con estos seres. En tradiciones mesopotámicas, la diosa Tiamat, descrita como un dragón primordial, simbolizaba el caos primordial que antecedía a la creación del mundo. En las escrituras hindúes, la serpiente cósmica Ananta Shesha sostiene el universo y sirve de trono para Vishnu, representando el orden supremo. En Escandinavia, la figura del dragón Nidhogg aparece como una entidad que roe las raíces del árbol Yggdrasil, conectándose a la idea de ciclos de destrucción y renovación.

Muchas de estas narrativas no hablan solo de entidades físicas, sino de fuerzas cósmicas actuantes en la existencia. Los dragones pueden ser entendidos como símbolos de transformación, transmutación y elevación espiritual. Quien se conecta con su energía aprende a lidiar con sus propios desafíos, a superar miedos y a expandir la conciencia más allá de las limitaciones impuestas por el mundo material.

En la visión holística, los dragones representan los elementos fundamentales de la naturaleza. Cada uno de ellos se manifiesta en una frecuencia energética distinta, influenciando no solo la realidad alrededor, sino también la manera en que las personas interactúan con sus propias emociones y desafíos internos. La presencia de un dragón de fuego, por ejemplo, trae la fuerza de la transmutación, quemando aquello que ya no sirve e impulsando el crecimiento personal. Los dragones de agua fluyen con la intuición y la sensibilidad, auxiliando en la conexión con el inconsciente y en la claridad emocional. Los dragones de tierra sostienen y protegen, garantizando estabilidad y estructura. Los dragones de aire expanden la mente, favoreciendo la comunicación y la conexión con dimensiones superiores.

Muchas líneas espirituales afirman que los dragones nunca dejaron la Tierra, sino que solo se retiraron a planos más sutiles, aguardando el momento adecuado para manifestarse nuevamente. Con el actual despertar espiritual de la humanidad, algunas personas relatan sueños intensos con dragones, visiones durante estados meditativos e incluso experiencias energéticas que indican una reaproximación. En algunas tradiciones, se cree que los dragones solo se presentan a aquellos que están listos para recibir su enseñanza, pues su poder no puede ser tratado con ligereza.

Los guardianes dracónicos no sirven a caprichos humanos, ni responden a invocaciones banales. Aparecen cuando el alma está preparada, cuando hay un propósito real de evolución y cuando la conexión establecida busca un crecimiento genuino. Esta relación no es de dominación, sino de aprendizaje mutuo. La persona que se conecta con un dragón experimenta un proceso de transformación profunda, pues su presencia ilumina verdades ocultas y desafía todo lo que es ilusorio.

La tradición de que los dragones guardan tesoros es una metáfora poderosa dentro del esoterismo. El oro que protegen no es físico, sino que representa el conocimiento oculto, la verdad suprema que pocos son capaces de acceder. Para alcanzar este tesoro, es necesario pasar por pruebas, confrontar las propias sombras y demostrar coraje ante lo desconocido. El dragón no entrega su sabiduría a aquellos que buscan atajos o recompensas fáciles. Solo los verdaderamente comprometidos con su jornada espiritual pueden cruzar el umbral de su presencia.

Los antiguos sabían que los dragones representaban mucho más que fieras míticas. En diversas culturas, reyes, emperadores y chamanes buscaban su bendición y su orientación. En Oriente, los emperadores chinos se declaraban descendientes del dragón, lo que les confería autoridad y sabiduría divina. En Occidente, los caballeros que enfrentaban dragones simbolizaban la lucha contra sus propios miedos y limitaciones. En las tribus indígenas, la serpiente alada era vista como un espíritu ancestral que guiaba a los iniciados por los misterios de la existencia.

Aquellos que sienten un llamado para comprender a los dragones en el contexto holístico necesitan profundizar en su simbología, pero, más que eso, deben aprender a sentir su presencia. El contacto con estas energías no se da solo por medio de la mente racional, sino a través de la percepción sensible y de la entrega al proceso de conexión espiritual. Algunas prácticas pueden facilitar esta aproximación, como la meditación enfocada, el estudio de los elementos naturales y la búsqueda del autoconocimiento.

Los dragones representan el principio y el fin, el caos y el orden, el misterio y la revelación. Existen en una frecuencia más allá de la comprensión común, pero se hacen presentes para aquellos que realmente desean recorrer el camino de la sabiduría. En el momento adecuado, se manifiestan, guiando a los que están listos para despertar a una realidad mucho mayor que aquella que los ojos pueden ver.

Capítulo 2
Dragones en la Historia y las Mitologías

Desde los albores de la humanidad, los dragones han emergido como símbolos enigmáticos presentes en culturas y civilizaciones que nunca tuvieron contacto entre sí. La recurrencia de estas criaturas en mitologías tan diversas plantea preguntas fascinantes: ¿son meros productos de la imaginación colectiva o vestigios de algo más profundo, una memoria ancestral compartida? La forma en que fueron representados varió ampliamente, pero su presencia siempre estuvo ligada a fuerzas fundamentales del universo, ya fuera como agentes de destrucción, guardianes de la sabiduría o entidades cósmicas que equilibran el orden y el caos. Su significado trascendió el tiempo, influyendo desde las primeras escrituras hasta los mitos modernos, demostrando que los dragones no son solo seres míticos, sino poderosas representaciones de la relación humana con lo desconocido.

Las primeras civilizaciones dejaron registros que presentan a los dragones como figuras primordiales, asociadas al inicio de la creación y a la estructuración del cosmos. En las culturas mesopotámicas, egipcias e hindúes, dragones y serpientes colosales personificaban tanto el caos primigenio como la sabiduría eterna. Estas entidades eran vistas como fuerzas vivas que moldeaban la realidad, y su presencia en los mitos no era casual: representaban el vínculo entre los dominios espirituales y materiales, influyendo desde el equilibrio de las fuerzas naturales hasta los destinos humanos. En algunas tradiciones, los dragones eran seres desafiantes, que exigían coraje y sacrificio de aquellos que buscaban superarlos; en otras, eran venerados como fuentes de poder y conocimiento, accesibles solo a los dignos de su presencia.

Independientemente de la forma que asumieron a lo largo de las eras, los dragones permanecieron como símbolos de poder oculto y transformación. Sus representaciones varían desde seres demonizados en las tradiciones occidentales hasta deidades celestiales en la mitología oriental, revelando que su esencia siempre reflejó los valores y creencias de las sociedades que los evocaron. Al analizar las historias y los mitos que los rodean, percibimos que los dragones no son solo criaturas fantásticas, sino arquetipos profundos que continúan influyendo en la psique humana y el entendimiento espiritual. La búsqueda de su significado real va más allá de la mitología, conectándose al misterio de la existencia y al deseo humano de comprender las fuerzas invisibles que rigen el mundo.

En Mesopotamia, uno de los primeros registros escritos de la humanidad, encontramos el mito de la diosa Tiamat. Representada como un dragón colosal, Tiamat simbolizaba el caos primordial del cual fue generado el mundo. Su batalla contra Marduk, el dios del orden, se convirtió en una metáfora del equilibrio entre la creación y la destrucción, una idea que se repetiría en otras mitologías. La figura del dragón como un ser caótico y poderoso, muchas veces combatido por una divinidad heroica, se arraigó en diversas culturas posteriores.

En el Antiguo Egipto, Apofis, la serpiente del caos, amenazaba con devorar el sol durante su viaje nocturno por el inframundo. Solo la fuerza de Ra, el dios solar, mantenía a esta entidad dracónica bajo control. La batalla constante entre Ra y Apofis representaba el ciclo eterno del día y la noche, del orden y el caos, demostrando que los dragones estaban asociados a aspectos cósmicos fundamentales.

En la tradición hindú, la figura de los nagas destaca. Estos seres serpentinos, frecuentemente descritos como mitad humanos, mitad dragones, son considerados guardianes de la sabiduría y de los ríos sagrados. La serpiente cósmica Ananta Shesha, sobre la cual reposa Vishnu, representa la eternidad y el sustento del universo. A diferencia de las narrativas occidentales, donde los dragones son frecuentemente antagonistas, en la cultura védica asumen un papel de equilibrio y protección.

La mitología china elevó a los dragones a un nivel celestial, convirtiéndolos en símbolos de sabiduría, prosperidad y autoridad divina. A diferencia de las representaciones occidentales, los dragones chinos no eran necesariamente alados, sino serpentiformes, y gobernaban los elementos naturales. El dragón azul dominaba las aguas y las lluvias, siendo reverenciado por emperadores que buscaban mantener la armonía climática en sus reinos. En templos y festivales, la presencia de los dragones simbolizaba suerte y renovación, reforzando la creencia de que eran seres benevolentes e indispensables para el orden cósmico.

Los pueblos nórdicos poseían una visión más sombría de los dragones, frecuentemente asociados a la destrucción y a la avaricia. Nidhogg, uno de los más temidos, roía las raíces de Yggdrasil, el árbol del mundo, amenazando el equilibrio del universo. La presencia de dragones como Fafnir, cuya codicia lo transformó en un monstruo maligno, reforzaba la idea de que estos seres representaban desafíos para los héroes, siendo símbolos de las tentaciones y de los obstáculos del viaje espiritual.

En la tradición cristiana, el dragón asumió un papel demonizado. La iconografía medieval frecuentemente retrataba a San Jorge derrotando a un dragón, un símbolo de la victoria de la fe sobre las fuerzas del mal. El Apocalipsis describe a Satanás como un gran dragón rojo, enfatizando la idea de que estas criaturas estaban asociadas al peligro y a la herejía. Esta interpretación contrastaba fuertemente con la visión oriental, donde los dragones eran honrados y respetados.

Las culturas indígenas de América también poseían relatos sobre serpientes aladas y dragones. Los aztecas veneraban a Quetzalcóatl, la serpiente emplumada, como un dios creador y benevolente, responsable de la transmisión del conocimiento y de la civilización. Los mayas tenían la figura de Kukulkán, una divinidad semejante, que también gobernaba los cielos y las aguas. Estas entidades dracónicas estaban asociadas a la fertilidad y a la renovación, mostrando un abordaje más espiritualizado sobre el tema.

Si los dragones hubieran sido solo invenciones mitológicas, ¿por qué surgirían en culturas tan distantes, con características tan similares? Algunos estudiosos esotéricos creen que los dragones pueden haber sido seres reales, presentes en tiempos remotos, y que su retirada del plano físico habría dado origen a estas leyendas. Otros defienden que los dragones representan arquetipos del inconsciente humano, manifestándose como símbolos de la fuerza interior y del camino de evolución personal.

Lo que queda claro es que los dragones desempeñaron un papel crucial en la construcción de la cosmovisión de los pueblos antiguos. Ya sean vistos como guardianes, adversarios o divinidades, su presencia influyó en religiones, rituales y en la propia estructura de los mitos. La manera en que fueron comprendidos varió según la cultura, pero su significado profundo permaneció: los dragones simbolizan el poder latente, el conocimiento oculto y la transformación.

Muchos ocultistas y estudiosos modernos intentan rescatar la verdadera esencia de los dragones, liberándolos de las distorsiones y de los temores propagados por influencias culturales y religiosas posteriores. En algunas tradiciones espirituales contemporáneas, hay un esfuerzo por reconectarse con la energía dracónica, buscando comprender lo que estas entidades representaban para los antiguos y cómo su sabiduría puede ser aplicada en el despertar de la conciencia humana.

La historia de los dragones no pertenece solo al pasado. Sus influencias pueden ser sentidas aún hoy, ya sea en el simbolismo de los sueños, en las prácticas espirituales o en la búsqueda de una comprensión más profunda de la realidad. Comprender las múltiples facetas de los dragones a lo largo de la historia nos permite ver más allá de las representaciones convencionales, accediendo a un conocimiento ancestral que puede revelar verdades olvidadas sobre el propio camino de la humanidad.

Capítulo 3
Dragones en el Esoterismo y la Espiritualidad

La presencia de los dragones en la espiritualidad y el esoterismo trasciende las fronteras de las leyendas y mitologías, manifestándose como una fuerza viva que influye en la jornada humana en niveles sutiles y profundos. En diversas tradiciones ocultistas, estos seres son reconocidos como guardianes del conocimiento ancestral, poseedores de una sabiduría que se remonta al origen del cosmos. Para muchos estudiosos del ocultismo, los dragones no son meras figuras simbólicas, sino conciencias interdimensionales que interactúan con aquellos que demuestran la madurez espiritual necesaria para acceder a su energía. Su conexión con los elementos de la naturaleza, los ciclos de transformación y los misterios del universo los convierte en entidades poderosas, capaces de ayudar en el desarrollo personal y la expansión de la conciencia. Quienes buscan comprender su verdadera esencia perciben que los dragones representan un llamado al autoconocimiento, desafiando a los individuos a enfrentar sus sombras y trascenderlas.

A lo largo de la historia, diferentes escuelas esotéricas y tradiciones espirituales han asociado a los dragones con fuerzas primordiales de transmutación y evolución. En la Alquimia, por ejemplo, el dragón simboliza el proceso de purificación y renacimiento, siendo un arquetipo fundamental en la búsqueda de la Piedra Filosofal. El Uróboros, representado por un dragón o serpiente devorando su propia cola, expresa la naturaleza cíclica de la existencia, la fusión entre el principio y el fin, la disolución del ego y la integración del ser con el todo. En el Hermetismo, los dragones son vistos como protectores del conocimiento oculto, asegurando que solo aquellos preparados puedan acceder a los secretos de la creación. Muchas órdenes místicas describen a los dragones como seres que actúan en los planos superiores, guiando a aquellos que demuestran disciplina, respeto y comprensión sobre su naturaleza energética.

La conexión con los dragones puede ocurrir de diversas formas, ya sea a través de sueños reveladores, visiones durante estados meditativos o experiencias energéticas que evidencian su presencia. Algunas tradiciones mágicas utilizan rituales específicos para establecer un vínculo con estas entidades, evocando su energía para protección, orientación y fortalecimiento espiritual. En prácticas chamánicas, los dragones son considerados espíritus ancestrales que ayudan en la curación, la transición entre dimensiones y la armonía entre cuerpo, mente y espíritu. El despertar de la energía dracónica, sin embargo, no ocurre de manera aleatoria o superficial: exige compromiso, coraje y un corazón abierto para comprender las transformaciones que estos seres pueden traer. Al conectarse con un dragón, el practicante inicia una jornada de autodescubrimiento, donde las ilusiones se disuelven y las verdades profundas se revelan. Es un camino de poder, pero también de gran responsabilidad, reservado para aquellos que están listos para recorrer un camino de evolución genuina.

A lo largo de la historia, escuelas de misterio y sociedades ocultistas han descrito a los dragones como entidades interdimensionales, poseedoras de una sabiduría que se remonta a los albores de la creación. Algunas tradiciones afirman que los dragones no son meras figuras mitológicas, sino conciencias vivas que residen en planos sutiles y se manifiestan a aquellos que poseen la vibración necesaria para interactuar con su energía. Esta visión sugiere que los dragones no se han ido de la Tierra, sino que simplemente se han alejado de los ojos humanos, esperando el momento en que la humanidad esté lista para recibir sus enseñanzas nuevamente.

En los estudios de la Alquimia, los dragones son frecuentemente representados como símbolos de transformación y transmutación. La figura del dragón devorando su propia cola, conocida como Uróboros, representa el ciclo eterno de la vida, la muerte y el renacimiento. Este símbolo se utiliza para ilustrar la naturaleza cíclica de la existencia y el proceso de evolución espiritual por el que todo buscador debe pasar. El dragón alquímico también está asociado a la llama interior que consume las impurezas del ser, permitiendo que la esencia verdadera se manifieste.

En la tradición del Hermetismo, los dragones son descritos como guardianes del conocimiento sagrado, manteniendo la sabiduría oculta fuera del alcance de aquellos que no están preparados para recibirla. Muchos textos esotéricos advierten que intentar acceder a este conocimiento sin preparación puede llevar a la destrucción, pues la energía de los dragones es intensa y transformadora. Solo aquellos que demuestran disciplina, humildad y coraje pueden cruzar los portales que llevan a la comprensión de sus misterios.

En el Chamanismo, los dragones son vistos como espíritus ancestrales que ayudan a los practicantes a navegar entre los mundos. En algunas culturas indígenas, la serpiente alada representa la sabiduría suprema y la conexión con los cielos. Los chamanes que se comunican con estas energías relatan que los dragones enseñan sobre el equilibrio de los elementos y la armonía entre el cuerpo, la mente y el espíritu. El contacto con estas fuerzas exige respeto y compromiso, pues los dragones no responden a invocaciones banales o a peticiones egoístas.

En el contexto de las energías sutiles, los dragones también están asociados a los cuatro elementos de la naturaleza. Cada tipo de dragón vibra en una frecuencia específica y manifiesta una energía correspondiente:

Los dragones de fuego son símbolos de poder, transmutación y coraje. Ayudan en el despertar de la fuerza interior y en la destrucción de patrones limitantes.

Los dragones de agua trabajan con la fluidez emocional, la intuición y la curación. Su energía es suave, pero profunda, ayudando a disolver bloqueos internos.

Los dragones de tierra ofrecen protección y estabilidad, conectando a aquellos que buscan seguridad y estructura en su jornada espiritual.

Los dragones de aire expanden la conciencia y favorecen la claridad mental, la comunicación con planos superiores y la comprensión de conocimientos ocultos.

La conexión con los dragones puede manifestarse de diversas formas. Algunas personas relatan encuentros con estas entidades en sueños, donde los dragones aparecen como guías que transmiten mensajes o enseñan lecciones importantes. Otras sienten su presencia durante estados meditativos, percibiendo imágenes, sensaciones térmicas o vibraciones energéticas intensas. También hay quienes canalizan su energía durante rituales, utilizando símbolos específicos, mantras y visualizaciones para establecer un contacto más profundo.

Una de las prácticas espirituales más comunes para conectar con los dragones es la meditación guiada. En este proceso, el practicante entra en un estado de relajación profunda y visualiza a un dragón surgiendo en su campo energético. El objetivo no es controlar o dominar a la criatura, sino estar receptivo a lo que ella desea transmitir. La comunicación con los dragones ocurre de forma intuitiva, a través de impresiones sensoriales, imágenes mentales o incluso mensajes telepáticos.

Los dragones también aparecen en diversas tradiciones mágicas. En algunas vertientes de la magia ceremonial, son evocados como guardianes de portales interdimensionales o como aliados en trabajos de protección y fortalecimiento energético. En el druidismo y en prácticas paganas, los dragones están ligados a las fuerzas primordiales de la Tierra y pueden ser honrados a través de rituales naturales. Algunas órdenes esotéricas utilizan sigilos y runas específicas para invocar su presencia y obtener orientación espiritual.

El retorno de los dragones a la conciencia colectiva es visto por muchos espiritualistas como una señal del cambio vibracional del planeta. Hay quienes dicen que estos seres se están manifestando nuevamente porque la humanidad está despertando a un nuevo nivel de conciencia. La elevación de la energía planetaria haría posible el contacto más directo con los dragones, permitiendo que sus mensajes y enseñanzas fueran comprendidos de manera más clara.

No todos están preparados para esta conexión. La energía de los dragones exige responsabilidad, pues su influencia puede acelerar procesos internos y sacar a la luz aspectos que necesitan ser trabajados. Muchos que buscan este contacto sin estar listos terminan enfrentando desafíos inesperados, pues la presencia dracónica expone ilusiones y patrones limitantes que deben ser transformados. Aquellos que desean recorrer este camino deben estar dispuestos a encarar su propia sombra y pasar por un proceso de purificación y fortalecimiento espiritual.

El estudio de los dragones en el esoterismo y la espiritualidad no se limita a creencias o dogmas. Representa un llamado para aquellos que sienten una afinidad profunda con estos seres y desean comprender su papel en la evolución humana. La energía dracónica no pertenece a una única tradición, sino que se manifiesta de formas variadas, siempre guiando a aquellos que buscan la verdad más allá de las apariencias.

Para aquellos que sienten la presencia de los dragones y desean profundizar esta conexión, el camino está abierto. Requiere paciencia, respeto y la disposición para aprender de estas entidades ancestrales. Los dragones son maestros exigentes, pero también son aliados poderosos para aquellos que realmente comprenden su esencia y aceptan la jornada que ofrecen.

Capítulo 4
¿Por Qué Se Marcharon?

La relación entre los dragones y la humanidad siempre ha estado envuelta en un halo de misterio, retratada en mitos y tradiciones que trascienden el tiempo. Durante eras, estos seres fueron considerados guardianes del conocimiento, aliados espirituales y fuerzas cósmicas que actuaban tanto en el plano material como en los reinos sutiles de la existencia. Sin embargo, en algún punto de la historia, los relatos de encuentros con dragones se volvieron escasos, sus presencias dejaron de registrarse, y la humanidad pasó a tratarlos como figuras meramente legendarias. ¿Qué habría sucedido para que estos seres aparentemente desaparecieran? Esta pregunta resuena en diversas corrientes esotéricas, que buscan respuestas no solo en la historia, sino también en los planos espirituales y en las leyes ocultas que rigen la realidad.

Una de las explicaciones más difundidas dentro de las tradiciones místicas sugiere que los dragones nunca se marcharon del todo, sino que simplemente se ocultaron en dimensiones superiores o estados vibracionales que escapan a la percepción común. De acuerdo con esta visión, su retirada del mundo visible estaría directamente ligada al declive de la conciencia espiritual de la humanidad. En tiempos remotos, civilizaciones avanzadas como la Atlántida y Lemuria habrían mantenido contacto directo con los dragones, utilizando su conocimiento para expandir su comprensión del universo y desarrollar habilidades extraordinarias. No obstante, a medida que estas sociedades comenzaron a abusar de ese poder, ignorando los principios de equilibrio y respeto que sostenían esta relación, los dragones se habrían alejado, protegiéndose de la corrupción humana y evitando que su sabiduría fuera mal utilizada.

Otra teoría sugiere que la partida de los dragones no fue voluntaria, sino impuesta por fuerzas que temían su influencia. Algunas tradiciones hablan sobre un tiempo de grandes conflictos espirituales, en los cuales seres poderosos buscaron subyugar o aprisionar a los dragones, sellando su energía en lugares ocultos o reduciendo su presencia a un estado latente. Estas historias mencionan la existencia de portales y vórtices energéticos donde la esencia dracónica permanece adormecida, aguardando el momento adecuado para despertar nuevamente. Algunas culturas interpretan montañas, cavernas sagradas e incluso ciertas formaciones rocosas como vestigios petrificados de estos seres, sugiriendo que su presencia aún puede ser sentida por aquellos que poseen la sensibilidad energética suficiente para percibirlos. Sea cual sea la explicación, el alejamiento de los dragones de la realidad humana representó más que una simple desaparición: marcó un cambio profundo en la conexión entre la humanidad y las fuerzas primordiales del universo.

Algunas corrientes esotéricas afirman que los dragones nunca se fueron, tan solo se retiraron del plano visible, ocultándose en dimensiones superiores o en estados vibracionales que la mayoría de los seres humanos no consigue percibir. Según esta visión, la humanidad perdió la capacidad de interactuar con los dragones porque su propia vibración se volvió densa y desconectada de las energías sutiles que rigen los planos espirituales. A medida que la conciencia colectiva se alejó de los principios naturales y sagrados, los dragones retrocedieron para proteger su propia existencia y evitar el uso indebido de su poder.

Muchos relatos místicos sugieren que hubo un tiempo en que humanos y dragones coexistían armoniosamente. Civilizaciones antiguas, como los lemurianos y atlantes, habrían mantenido una conexión directa con estos seres, utilizando su sabiduría para expandir su comprensión del universo y desarrollar tecnologías espirituales avanzadas. Sin embargo, cuando estas civilizaciones comenzaron a entrar en colapso debido al abuso del conocimiento y la energía, los dragones se habrían alejado gradualmente, dejando solo vestigios de su presencia en mitos y leyendas.

Otra teoría esotérica sugiere que los dragones no solo partieron, sino que fueron sellados o aprisionados por fuerzas que temían su poder. Hay relatos que indican la existencia de portales o lugares específicos donde la energía dracónica permanece adormecida, aguardando el momento propicio para despertar.

Algunas tradiciones hablan sobre dragones petrificados, cuyos cuerpos se habrían convertido en montañas, islas o formaciones rocosas que aún cargan su vibración ancestral. Lugares como la Muralla del Dragón en China o ciertas cadenas montañosas alrededor del mundo son señalados como posibles vestigios de estas entidades adormecidas.

La desaparición de los dragones también puede ser comprendida bajo un prisma simbólico. En diversas tradiciones espirituales, los dragones representan fuerzas cósmicas de gran intensidad, a menudo ligadas al despertar de la conciencia y a la transformación personal. El alejamiento de estas energías puede indicar un período de la humanidad en el que el foco se volcó hacia el materialismo, la fragmentación del conocimiento y la desconexión con las realidades sutiles. La retirada de los dragones sería, por lo tanto, una metáfora de la pérdida de la sabiduría ancestral y de la capacidad de acceder a dimensiones más elevadas de la existencia.

Algunas escuelas esotéricas afirman que los dragones no se han ido definitivamente, sino que permanecen accesibles para aquellos que se dedican a reencontrarlos. Para estos estudiosos, los dragones continúan actuando como guías espirituales y guardianes del conocimiento oculto, pero solo se revelan a aquellos que demuestran respeto y preparación. Relatos contemporáneos de experiencias místicas sugieren que individuos iniciados en determinadas prácticas consiguen establecer contacto con los dragones por medio de sueños, proyecciones astrales, meditaciones profundas y rituales específicos.

La desaparición de los dragones puede estar ligada a la caída vibracional de la humanidad. Muchas tradiciones espirituales sostienen que la Tierra ya ha pasado por ciclos de alta frecuencia energética, donde los seres humanos poseían una mayor conexión con los reinos espirituales y con las fuerzas elementales. A medida que las sociedades avanzaron en términos materiales, pero se desconectaron espiritualmente, la frecuencia del planeta disminuyó, dificultando el contacto con entidades como los dragones. Esto explicaría por qué, en tiempos antiguos, los dragones eran figuras tan presentes y, con el pasar de los siglos, se convirtieron apenas en mitos.

El retorno de los dragones ha sido mencionado en diversas canalizaciones espirituales modernas, indicando que estos seres se están reaproximando gradualmente a la humanidad. Esta idea está alineada con la teoría de que la Tierra está pasando por un nuevo proceso de ascensión vibracional, permitiendo que conexiones espirituales antes perdidas sean restablecidas. Muchos espiritualistas creen que los dragones están aguardando que la humanidad recupere su conciencia elevada para que puedan volver a interactuar directamente con aquellos que estén preparados.

La tradición tibetana preserva una visión interesante sobre los dragones, asociándolos a las nubes de tormenta y a los cambios climáticos. Los lamas afirman que los dragones nunca desaparecieron, sino que continúan influyendo en eventos naturales y se manifiestan en momentos de gran transformación. De acuerdo con esta perspectiva, la energía dracónica puede ser sentida en los ciclos de renovación de la Tierra, en los cambios abruptos de conciencia y en las revelaciones que surgen durante períodos de transición global.

El estudio de los dragones dentro del esoterismo y la espiritualidad revela que estas entidades son mucho más que figuras míticas. Representan fuerzas ancestrales que moldean la realidad y que, en determinados momentos de la historia, estuvieron más próximas a la humanidad. Su aparente desaparición puede ser comprendida como un alejamiento necesario, una fase de silencio antes de un nuevo ciclo de despertar. Para aquellos que desean reencontrar a los dragones, el camino no está en la búsqueda externa, sino en la reconexión con la sabiduría interior y en la elevación de la propia vibración espiritual.

Si los dragones realmente partieron, hay indicios de que su retorno está próximo. El creciente interés por la espiritualidad, por la energía de los elementos y por la reconexión con lo sagrado puede ser una señal de que la humanidad se está preparando para este reencuentro. El llamado de los dragones nunca cesó completamente. Tan solo esperó el momento adecuado para ser oído nuevamente.

Capítulo 5
El Retorno de los Dragones

La profecía del retorno de los dragones no es solo un mito perdido en las páginas del tiempo, sino un llamado que resuena en las profundidades de la conciencia colectiva de la humanidad. Desde las civilizaciones antiguas, existen relatos de que estos seres majestuosos nunca desaparecieron por completo, simplemente se retiraron a reinos sutiles, aguardando el momento oportuno para manifestarse de nuevo. Su regreso, según diversas tradiciones espirituales y esotéricas, está directamente ligado a la transformación planetaria, a la elevación de la conciencia humana y a la restauración del equilibrio energético de la Tierra. Los dragones representan fuerzas primordiales que actúan tras bambalinas de la existencia, y su despertar sería un reflejo de la necesidad de reconectar a la humanidad con la sabiduría ancestral y con las leyes naturales que rigen el universo.

Diferentes culturas preservan narrativas que apuntan a este renacimiento dracónico. Algunos linajes esotéricos afirman que los dragones han estado en estado de latencia, protegiéndose de la degradación espiritual de la humanidad. Otros creen que su energía nunca dejó de actuar, pero que solo los verdaderamente preparados logran percibirlos. Relatos modernos de experiencias espirituales indican que muchas personas han sentido la presencia de los dragones en sueños, meditaciones y prácticas místicas, como si su energía se estuviera volviendo accesible nuevamente. Estos encuentros no son meras coincidencias, sino señales de que la humanidad está recuperando su capacidad de sintonizar con fuerzas sutiles que estaban más allá de su percepción.

El retorno de los dragones no debe interpretarse como un evento físico, donde criaturas aladas surgen en los cielos, sino como una reactivación de su energía e influencia sobre la Tierra. Su despertar simboliza un momento de transición, donde antiguos conocimientos son rescatados y nuevas posibilidades espirituales se abren para aquellos que buscan la verdad. Aquellos que sienten este llamado intuitivo son invitados a profundizar su conexión con estos seres, respetando su sabiduría y comprendiendo que su presencia es un recordatorio del poder interior que cada individuo carga. El despertar dracónico es un proceso interno y, al mismo tiempo, un fenómeno colectivo que marca el inicio de una nueva era, donde el equilibrio entre humanidad, naturaleza y cosmos puede ser restaurado.

Textos antiguos y escritos ocultistas mencionan que la retirada de los dragones no fue un abandono, sino una protección. Algunos linajes espirituales sostienen que los dragones, al percibir la degradación de la conciencia humana y el alejamiento de las leyes naturales, decidieron ocultarse para evitar que su conocimiento fuera corrompido o utilizado para fines egoístas. No podían permitir que su poder fuera explotado por aquellos que buscaban dominación en lugar de sabiduría. Así, se alejaron a otras dimensiones o redujeron su vibración a un estado en el que solo los verdaderamente preparados podrían encontrarlos.

Las profecías que hablan del retorno de los dragones suelen estar asociadas a períodos de gran transformación planetaria. Algunas tradiciones espirituales indican que este retorno está directamente ligado a la ascensión de la Tierra a una nueva frecuencia vibracional. Con la humanidad despertando a una conciencia más elevada, volviéndose más receptiva a las realidades sutiles, los dragones podrían estar manifestándose nuevamente para auxiliar en este proceso de transición. Este concepto es frecuentemente relacionado con los cambios energéticos que se vienen sintiendo en todo el mundo, manifestados en el aumento de la sensibilidad espiritual, en la búsqueda por la reconexión con la naturaleza y en el interés creciente por conocimientos ancestrales.

Algunas visiones místicas sugieren que los dragones siempre han estado cerca, pero adormecidos en lugares específicos del planeta, aguardando el momento adecuado para despertar. Lugares sagrados, donde la energía de la Tierra es más intensa, son frecuentemente asociados a la presencia dracónica. Hay relatos de que ciertas montañas, cavernas e islas poseen conexiones directas con estas entidades, siendo puntos de activación para aquellos que saben cómo acceder a ellos. Líneas ley, que son flujos de energía que recorren el planeta, también son mencionadas como caminos por los cuales la fuerza de los dragones puede retornar a la superficie.

En la tradición china, los dragones están ligados al equilibrio de las fuerzas naturales. Cuando hay desarmonía en el mundo, se dice que los dragones se retiran a los cielos o se sumergen en las profundidades de la tierra y de los océanos, esperando que el orden sea restaurado. Algunas interpretaciones sugieren que el retorno de los dragones no será visible en el sentido físico, sino una reactivación de su energía, influenciando el curso de los eventos humanos y despertando a aquellos que poseen afinidad con su vibración.

Muchos espiritualistas relatan que la presencia de los dragones puede ser sentida nuevamente a través de sueños, meditaciones y experiencias de expansión de conciencia. Hay relatos de personas que nunca habían pensado en estos seres, pero que, súbitamente, comenzaron a recibir visiones o intuiciones ligadas a dragones. Algunas describen encuentros en planos astrales, donde reciben enseñanzas o instrucciones para preparar a la humanidad para un nuevo ciclo de existencia. Estos relatos no son aislados, y muchas culturas esotéricas los interpretan como señales de que los dragones están gradualmente retornando.

La relación entre los dragones y la transformación planetaria puede ser observada también en el impacto de los cambios que vienen ocurriendo en la Tierra. Eventos climáticos extremos, desplazamientos energéticos y crisis globales son vistos por algunos linajes espirituales como parte del proceso de despertar, y los dragones estarían actuando tras bambalinas para estabilizar estas transiciones. En algunas tradiciones chamánicas, se cree que los dragones poseen influencia directa sobre los elementos de la naturaleza y que su retorno coincide con momentos en que el equilibrio natural necesita ser restaurado.

La idea de que los dragones están volviendo también se manifiesta simbólicamente en el aumento del interés por su simbolismo. Cada vez más personas buscan comprender su esencia, sintiendo una conexión intuitiva con estos seres, incluso sin entender plenamente el motivo. Este fenómeno puede ser interpretado como un llamado interno, un despertar gradual de la conciencia hacia realidades que estaban adormecidas.

Aquellos que creen en la profecía del retorno de los dragones ven este momento como una oportunidad para recuperar la sabiduría olvidada. El conocimiento que los dragones guardan no es solo sobre el cosmos o los misterios de la existencia, sino también sobre la propia esencia humana. Ellos enseñan sobre equilibrio, coraje, transformación y conexión con las fuerzas que rigen el universo. Su vuelta no debe ser encarada como un evento externo, sino como un proceso interno, donde la humanidad necesita hacerse digna de acceder nuevamente a esta sabiduría.

El retorno de los dragones no es solo una leyenda antigua o un mito simbólico. Para aquellos que sienten su presencia, es un recordatorio de que la jornada espiritual de la humanidad está entrando en una nueva etapa. El despertar dracónico no sucederá para todos, sino solo para aquellos que busquen esta conexión con honestidad y respeto. La energía dracónica no puede ser forzada, ni manipulada, pero puede ser recibida por aquellos que demuestren estar listos para recorrer el camino de la sabiduría.

La profecía del retorno de los dragones no es un evento futuro, sino algo que ya está en curso. Su presencia puede ser sentida por aquellos que estén atentos a las señales, ya sean sueños, encuentros sutiles o un llamado interno para buscar conocimientos hace mucho olvidados. El reencuentro entre humanos y dragones representa no solo la restauración de un vínculo antiguo, sino también la ascensión hacia una nueva comprensión de la existencia y del papel de la humanidad en el equilibrio cósmico.

Capítulo 6
Los Dragones y los Cuatro Elementos

Los dragones son entidades ancestrales profundamente entrelazadas con las fuerzas primordiales del universo. Actúan como guardianes y catalizadores de las energías fundamentales que sostienen toda la existencia. Más que criaturas míticas, representan la manifestación consciente de los cuatro elementos – fuego, agua, tierra y aire–, siendo depositarios de sabiduría y poder. Sus presencias se sienten en todas las tradiciones espirituales y filosóficas que buscan comprender la estructura energética del cosmos.

Cada dragón resuena con un elemento específico, canalizando sus fuerzas y equilibrando las dinámicas naturales que gobiernan la realidad. Esta conexión no se limita a la mitología; refleja una verdad oculta sobre la interconectividad entre los seres vivos y los flujos energéticos que permean la creación. Desde tiempos inmemoriales, los dragones han sido reverenciados como puentes entre los planos materiales y sutiles, guiando a aquellos que desean profundizar en la armonía de los elementos y acceder a los misterios ocultos de la existencia.

La interacción entre los dragones y los elementos no se da solo en el nivel simbólico, sino en una relación vibracional que moldea la manera en que estas fuerzas se expresan en el mundo. El fuego representa la llama de la transformación y de la voluntad indomable, el impulso de la creación y de la renovación constante. El agua simboliza la fluidez emocional y la sabiduría intuitiva, el reflejo del inconsciente y de las profundidades del alma. La tierra traduce la estabilidad, el cimiento de la materialización y de la protección, mientras que el aire carga la libertad del pensamiento, la claridad mental y la conexión con dimensiones superiores.

Los dragones, como entidades interdimensionales, actúan como transmisores de estas energías, sirviendo de nexo entre la humanidad y los elementos esenciales de la vida. Quien aprende a reconocer y respetar esta conexión encuentra un camino de autoconocimiento y expansión, pues los elementos no son solo externos, sino que también se manifiestan dentro de cada individuo, reflejando aspectos internos de la psique y del espíritu.

La búsqueda del equilibrio entre los cuatro elementos es, en realidad, una invitación a la integración del ser con el universo. Los dragones enseñan que no hay supremacía entre estas fuerzas, pues todas son indispensables para la armonía de la existencia. Aquellos que desean comprender su esencia deben permitirse sentir la presencia de estas energías en su cotidiano –en la llama que calienta y purifica, en el agua que nutre y cura, en la tierra que sostiene y fortalece, en el aire que inspira y conecta–. Al reconocer la influencia de los dragones sobre estos aspectos, se vuelve posible acceder a un nivel más profundo de percepción y sintonía con la naturaleza y consigo mismo. Los dragones elementales, lejos de ser solo mitos, son entidades vivas en los reinos sutiles, siempre dispuestos a compartir su sabiduría con aquellos que se muestran listos para aprender.

La conexión de los dragones con los elementos no es únicamente simbólica, sino energética. Vibran en sintonía con estas fuerzas y actúan como intermediarios entre el plano físico y los reinos sutiles. Al comprender cómo los dragones interactúan con cada elemento, se vuelve posible acceder a sus energías de forma más consciente, permitiendo una conexión profunda con la naturaleza y con el propio poder interior.

Los dragones de fuego representan la energía transformadora de la creación y de la destrucción. Son símbolos del impulso vital, de la fuerza de voluntad y del despertar de la conciencia. Su presencia es intensa e incendia todo lo que no está alineado con la verdad, quemando ilusiones y fortaleciendo a aquellos que buscan la evolución. La energía de los dragones de fuego está asociada a la transmutación, al renacimiento y al coraje necesario para atravesar desafíos y superar miedos. Trabajar con esta energía exige equilibrio, pues el fuego puede tanto iluminar como consumir.

Los dragones de agua simbolizan la fluidez de las emociones y la profundidad de la intuición. Son los guardianes de los sentimientos, del inconsciente y de los misterios que residen en las aguas ocultas del alma. Ayudan en la cura emocional, en la expansión de la sensibilidad y en la conexión con las memorias ancestrales. Así como el agua puede ser suave y serena o violenta y destructora, estos dragones enseñan a lidiar con los flujos de la vida, aceptando cambios y aprendiendo a navegar por los desafíos con sabiduría.

    Los dragones de tierra son los pilares de la estabilidad y de la protección. Representan la fuerza de la materialización, la conexión con las raíces y el sostenimiento de las estructuras energéticas. Su presencia trae seguridad y alineamiento, ayudando a construir bases sólidas para cualquier jornada espiritual. Son asociados a la paciencia, a la resistencia y a la sabiduría ancestral que se manifiesta a través de la tierra y de sus ciclos. La energía de estos dragones ayuda en el fortalecimiento del cuerpo, en la cura física y en el alineamiento con la fuerza vital de la naturaleza.

    Los dragones de aire son mensajeros de la sabiduría cósmica, responsables por la expansión de la mente y por la comunicación interdimensional. Representan la claridad de pensamiento, la inspiración y la capacidad de trascender limitaciones. Trabajar con su energía permite acceder a nuevas perspectivas, comprender verdades ocultas y desarrollar habilidades intuitivas más agudas. Los dragones de aire también son responsables por abrir caminos para la conexión con planos superiores, facilitando la comunicación con seres espirituales y permitiendo un flujo más armónico de ideas e *insights*.

    La relación entre los dragones y los elementos no es fija, pues ellos pueden transitar entre estas energías conforme la necesidad. Algunos cargan características mixtas, uniendo el poder del fuego a la fluidez del agua o la solidez de la tierra a la levedad del aire. Estos dragones híbridos son más raros y suelen ser invocados en situaciones específicas, cuando la integración de múltiples aspectos de la realidad se hace necesaria.

La conexión con los dragones elementales puede ser establecida a través de la observación y del respeto a las fuerzas naturales. Cada persona carga dentro de sí la manifestación de estos cuatro elementos y, al equilibrarlos, se vuelve más receptiva a la presencia de los dragones. Trabajar con los elementos es un camino para comprender mejor la propia esencia, desarrollando una relación más consciente con el mundo alrededor.

Los dragones no solo gobiernan los elementos, sino que también enseñan cómo utilizarlos de forma equilibrada. Aquellos que buscan la sabiduría dracónica aprenden que no hay un elemento superior al otro, pues todos son partes de un único flujo energético. El fuego puede dar vida o consumir, el agua puede curar o ahogar, la tierra puede sostener o aprisionar, y el aire puede traer claridad o confusión. La verdadera maestría está en saber cómo trabajar con cada energía en el momento correcto.

Los dragones y los elementos están profundamente conectados al despertar espiritual. Muchas tradiciones espirituales utilizan los elementos como base para sus prácticas, sea en el chamanismo, en la alquimia o en la magia ceremonial. Los dragones aparecen en estas tradiciones como guardianes de los portales energéticos, ayudando a aquellos que buscan comprender y manipular estas fuerzas con sabiduría y respeto.

La presencia de los dragones elementales puede ser percibida en la naturaleza, en fenómenos climáticos intensos, en locales de gran poder energético o hasta en experiencias personales de transformación. Cuando una persona se conecta profundamente con un elemento, sea a través de un momento de introspección junto al mar, del calor de una llama, del contacto con la tierra o de la sensación del viento, hay una chance de que esté sintiendo la presencia de un dragón correspondiente, manifestándose de forma sutil para transmitir una lección o un mensaje.

Aquellos que desean establecer un contacto más profundo con los dragones elementales pueden utilizar prácticas como la meditación, la visualización creativa y la conexión directa con los elementos de la naturaleza. Crear un ambiente propicio para esta interacción, respetando los ciclos naturales y abriéndose para la experiencia, puede facilitar la percepción de estas fuerzas sutiles.

Los dragones y los elementos son partes inseparables de la existencia, reflejando tanto las fuerzas del universo como los aspectos internos de cada individuo. Comprender esta conexión es un paso importante para acceder a la sabiduría dracónica y para desarrollar una relación más equilibrada con las energías que sostienen la realidad. A medida que la humanidad despierta para esta comprensión, los dragones comienzan a manifestarse nuevamente, guiando a aquellos que están preparados para recibir su enseñanza y su protección.

Capítulo 7
Dragones de Fuego

La energía de los dragones de fuego late como una fuerza primordial que desafía y transforma todo lo que toca. Estas entidades dracónicas no son meros símbolos de la llama ardiente, sino manifestaciones vivas del fuego sagrado que impregna la existencia. Representan el principio de la creación y la destrucción, la energía que impulsa la evolución, desafiando lo estancado y reavivando la voluntad de crecimiento. Su presencia se siente en los momentos de gran transición, cuando los viejos patrones deben ser quemados para dar paso a lo nuevo. Son guardianes del despertar espiritual, trayendo la luz de la consciencia para iluminar aquello que estaba oculto y disolver ilusiones. El fuego de los dragones no es dócil ni complaciente; exige valentía de aquellos que lo invocan, pues su acción es intensa e irreversible. Quien se conecta con esta energía es llamado a abandonar limitaciones, romper barreras y convertirse en un agente activo de su propia transformación.

Los dragones de fuego vibran en la frecuencia del coraje y la fuerza interior. Su energía despierta la llama de la determinación, impulsando a aquellos que dudan ante lo desconocido. Son maestros de la transmutación, ayudando a superar miedos, a liberar ataduras emocionales y a fortalecer el espíritu. A diferencia de otras fuerzas protectoras que ofrecen un amparo suave, los dragones de fuego enseñan a través del enfrentamiento y la experiencia directa. No eliminan obstáculos, sino que empoderan a quienes los enfrentan. Su propósito no es ofrecer un camino fácil, sino fortalecer a aquellos que recorren la senda del autoconocimiento y el empoderamiento. Al trabajar con esta energía, es necesario comprender que el fuego puede tanto iluminar y calentar como consumir y destruir. Exige respeto y dominio, pues su intensidad, si se descontrola, puede llevar a la impulsividad y al caos.

Aquellos que sienten el llamado de los dragones de fuego deben estar dispuestos a abrazar el cambio sin miedo. Su presencia marca el inicio de un ciclo de transformación profunda, donde todo lo que no resuena con la verdad interior será consumido por las llamas. Este proceso, aunque desafiante, conduce al renacimiento, a la expansión de la consciencia y al despertar del verdadero potencial. Conectarse con un dragón de fuego significa aceptar que la jornada será intensa, pero también liberadora. Su llama no destruye por crueldad, sino para abrir espacio a algo más fuerte y auténtico. Al aceptar esta energía y aprender a canalizarla con sabiduría, se vuelve posible acceder a un poder interior inquebrantable, capaz de moldear la realidad con claridad, pasión y propósito.

El fuego está asociado a la energía vital, al impulso creador y a la renovación. Así como una llama puede consumir lo que ya no sirve y permitir el nacimiento de algo nuevo, los dragones de fuego ayudan en el proceso de transmutación interior. Enseñan a quemar las limitaciones, a disolver miedos y a expandir la fuerza interior. Son guardianes del coraje, del dinamismo y de la voluntad férrea, incentivando a aquellos que se conectan con su energía a superar obstáculos y desafíos con determinación.

La presencia de un dragón de fuego puede sentirse en momentos de grandes cambios y crisis, cuando la vida exige transformación y renovación. Su energía es intensa y muchas veces incómoda, pues no permite el estancamiento. Donde hay resistencia al cambio, el fuego quema, forzando una reestructuración completa. Este proceso puede manifestarse en diversas áreas de la vida, desde relaciones personales hasta cambios profesionales y desafíos espirituales.

En el aspecto espiritual, los dragones de fuego están ligados al despertar de la consciencia. Su llama interior ilumina verdades ocultas y disuelve ilusiones, permitiendo una visión más clara del camino a seguir. Activan la fuerza del chakra del plexo solar, donde reside la energía de la voluntad, de la autoconfianza y de la capacidad de actuar. Trabajar con esta energía fortalece la determinación y la capacidad de manifestar intenciones en el mundo material.

La energía de los dragones de fuego también está profundamente ligada a la purificación. Consumen energías densas y bloqueos emocionales, permitiendo que el flujo vital regrese a su estado natural. Este proceso puede ser desafiante, pues exige que viejos patrones y creencias limitantes sean confrontados y eliminados. Muchas personas relatan experiencias intensas al trabajar con esta fuerza, sintiendo calor corporal, impulsos para actuar y un despertar de la intuición instintiva.

Los dragones de fuego son aliados poderosos para aquellos que desean romper con el pasado e iniciar una nueva fase de vida. Enseñan la importancia del desapego, pues el fuego no puede ser contenido ni apresado. Para seguir su camino, es preciso confiar en el proceso y permitir que la transformación ocurra. Cuando esta energía es aceptada, trae renovación y empoderamiento, permitiendo que el individuo asuma el control de su propia jornada.

Muchas tradiciones espirituales relacionan a los dragones de fuego con el arquetipo del guerrero espiritual, aquel que enfrenta sus sombras y desafíos con valentía. No son complacientes ni protectores en el sentido tradicional, pues su propósito no es evitar dificultades, sino fortalecer a aquellos que las enfrentan. Su enseñanza principal es la autosuficiencia y el descubrimiento del propio poder interior.

La conexión con los dragones de fuego puede establecerse por medio de prácticas meditativas, visualizaciones y contacto directo con el elemento fuego. Encender velas o fogatas y meditar frente a las llamas puede ser una manera poderosa de acceder a esta energía. Mantras e invocaciones específicas también pueden utilizarse para llamar su presencia y pedir orientación. Sin embargo, esta energía no debe buscarse de manera irresponsable, pues su intensidad puede ser abrumadora para aquellos que no están preparados.

Los dragones de fuego también enseñan sobre el equilibrio. Aunque su energía sea transformadora, el exceso puede llevar a la destrucción y al descontrol. Así como el fuego necesita límites para ser útil, la fuerza interior debe ser canalizada con sabiduría para no convertirse en impulsividad o agresividad. Aquel que aprende a dominar esta llama interna se convierte en un maestro de su propia energía, capaz de actuar con determinación sin ser consumido por el exceso de poder.

El llamado de los dragones de fuego resuena con aquellos que están listos para cambiar y evolucionar. Su presencia marca el inicio de una jornada de empoderamiento y transformación, donde todo lo que no es verdadero será consumido por las llamas. Aquellos que aceptan esta energía aprenden que el fuego no destruye por crueldad, sino para abrir espacio a algo nuevo y más alineado con la esencia verdadera. El camino de la transmutación es intenso, pero lleva al renacimiento y al despertar de la verdadera fuerza interior.

Capítulo 8
Dragones de Agua

Los dragones de agua emergen de las profundidades del inconsciente como guardianes del flujo emocional y del conocimiento ancestral. A diferencia de las fuerzas impetuosas y transformadoras del fuego, estos dragones actúan de manera sutil, moldeando las emociones y guiando a los individuos a través de los ciclos naturales de la vida. Son la personificación de la fluidez, enseñando que la adaptación y la aceptación son caminos hacia la armonía y el crecimiento interior. Su dominio se extiende a los océanos, ríos y lluvias, reflejando la capacidad del agua para nutrir, purificar y transformar. La conexión con estos seres invita a la introspección, animando a aquellos que buscan su sabiduría a sumergirse profundamente en sí mismos para comprender las capas ocultas de sus emociones, miedos y sueños. Su llamado no es estruendoso, sino un susurro en las mareas del alma, guiando suavemente hacia la claridad y el equilibrio.

El agua tiene el poder de esculpir montañas, de atravesar barreras con persistencia y de reflejar la verdad con pureza cristalina. De la misma forma, los dragones que portan esta esencia enseñan la importancia de la paciencia y de la confianza en los procesos naturales de la existencia. Son maestros del desapego y la entrega, demostrando que la resistencia solo amplifica el sufrimiento, mientras que la aceptación abre el camino a la transformación genuina. Al interactuar con sus energías, se hace posible acceder a memorias ancestrales y revelar verdades ocultas que dormían en las profundidades de la mente. Son protectores del inconsciente y de los misterios que se esconden bajo la superficie de la realidad, trayendo mensajes a través de sueños, visiones e intuiciones repentinas. Para aquellos que se sintonizan con su vibración, los dragones de agua ofrecen una guía silenciosa, ayudando a navegar los desafíos de la vida con serenidad y comprensión.

La presencia de estos dragones puede percibirse en momentos de gran transición emocional, cuando sentimientos reprimidos salen a la superficie o cuando el alma anhela claridad y sanación. Su energía no impone, sino que invita al autoconocimiento, permitiendo que cada uno descubra su propia verdad a través de la contemplación y el flujo natural de la vida. Trabajar con la energía de los dragones de agua requiere apertura al sentir, a la intuición y a las señales sutiles del universo. Aquellos que aprenden de ellos desarrollan una conexión profunda con su propia esencia, volviéndose más receptivos a la sabiduría del corazón y a los ciclos que rigen la existencia. Así como el agua moldea la tierra, las enseñanzas de estos dragones transforman la percepción de la realidad, mostrando que la verdadera fuerza no reside en la rigidez, sino en la capacidad de adaptarse y fluir con confianza.

El agua tiene el poder de adaptarse a cualquier forma, de sortear obstáculos y de esculpir montañas con el tiempo. Así también son los dragones que pertenecen a este elemento. Ellos enseñan la importancia de la flexibilidad y la aceptación, mostrando que la resistencia a menudo causa un sufrimiento innecesario. Su energía permite que las emociones reprimidas salgan a la luz y sean procesadas de manera saludable, ayudando a disolver bloqueos emocionales que impiden el crecimiento espiritual y personal.

Los dragones de agua están especialmente ligados al mundo de los sueños y las visiones. Muchas personas relatan encuentros con estos seres en estados alterados de conciencia, donde se manifiestan en formas ondulantes y luminosas, trayendo mensajes que parecen emerger de las profundidades del subconsciente. A diferencia de los dragones de fuego, que desafían e impulsan, los dragones de agua susurran verdades suaves, incentivando la introspección y la escucha interior.

La energía del agua está conectada a las emociones y a la fluidez de los sentimientos. Cuando una persona se siente atrapada en patrones emocionales destructivos o en dolores del pasado, los dragones de agua auxilian en el proceso de sanación, disolviendo tensiones y trayendo claridad. Su presencia puede sentirse en momentos de introspección profunda, cuando hay necesidad de comprender las propias emociones y liberar aquello que ya no sirve.

Así como los océanos esconden misterios insondables, los dragones de agua también guardan conocimientos olvidados por la humanidad. Algunas tradiciones esotéricas afirman que estos seres mantienen registros de civilizaciones perdidas y de secretos ancestrales, almacenados en las corrientes energéticas del planeta. Aquellos que logran acceder a su sabiduría son capaces de comprender patrones ocultos de la historia y acceder a información que trasciende el tiempo y el espacio.

Los dragones de agua también enseñan sobre el poder de la entrega y la confianza. A diferencia de la energía activa de los dragones de fuego, que exigen acción y determinación, los dragones de agua enseñan la importancia de fluir con los acontecimientos de la vida, sin resistencia ni miedo. Esto no significa pasividad, sino una aceptación sabia de los ciclos naturales de la existencia. Cuando se aprende a fluir, la vida se vuelve más armoniosa y los desafíos se enfrentan con serenidad.

La conexión con estos dragones puede fortalecerse a través del contacto con el agua en sus diversas formas. Baños en ríos, mares o cascadas, así como prácticas meditativas cerca del agua, pueden facilitar esta interacción. La visualización de un dragón de agua durante la meditación puede abrir canales de comunicación con su energía, permitiendo que mensajes intuitivos surjan de forma más clara.

Los dragones de agua también están ligados al chakra del corazón y al chakra sacro, lugares donde las emociones y la energía creativa fluyen. Trabajar con esta energía ayuda a abrir el corazón al amor incondicional y a desarrollar una intuición más afinada.

Las personas que poseen afinidad con estos dragones generalmente son sensibles, empáticas y poseen una fuerte conexión con el mundo emocional y psíquico.

Aquellos que entran en sintonía con los dragones de agua aprenden que la verdadera fuerza no está en la rigidez, sino en la capacidad de adaptación. El agua no resiste, sino que rodea. Ella no lucha, sino que transforma. Su sabiduría reside en la capacidad de fluir y de encontrar su camino, independientemente de los obstáculos que surjan. Al comprender esta lección, se vuelve posible navegar por la vida con más ligereza y equilibrio, confiando en que todo sigue el curso correcto.

Los dragones de agua están siempre presentes, guiando a aquellos que se permiten sumergirse en su propia profundidad. Su energía calma, cura y despierta. Para aquellos que buscan sabiduría y entendimiento, ellos revelan verdades ocultas y traen insights que pueden transformar completamente la forma en que se percibe la realidad. Trabajar con estos dragones es aprender a confiar en la propia intuición y a conectarse con la fluidez de la existencia.

Capítulo 9
Dragones de Tierra

Los dragones de tierra personifican la solidez, la resistencia y la profunda conexión con las fuerzas primordiales que sostienen la existencia. Son guardianes de los ciclos naturales y poseedores de la sabiduría ancestral, enseñando que la verdadera fuerza no reside en la prisa o la impulsividad, sino en la construcción paciente y cuidadosa de los cimientos que sustentan la vida. Su energía es densa y estabilizadora, brindando seguridad a aquellos que buscan equilibrio y estructura. A diferencia de las fuerzas mutables del fuego y el agua, que representan transformación y fluidez, los dragones de tierra enseñan el valor de la constancia, la disciplina y la permanencia. Ellos representan la propia esencia de la materia, recordando que todo lo que crece y prospera necesita un suelo fértil y firme. Sus lecciones se transmiten a través de la paciencia y el respeto al tiempo, mostrando que cualquier desarrollo verdadero debe estar arraigado en bases sólidas para perdurar.

Así como las montañas se forman a lo largo de milenios, los dragones de tierra enseñan que toda construcción exige dedicación y perseverancia. Su presencia se siente en lugares donde la energía de la tierra se manifiesta de manera intensa: cavernas, bosques ancestrales, formaciones rocosas imponentes y terrenos vírgenes. Son protectores de la memoria del planeta, guardando secretos olvidados y conocimientos ocultos en las profundidades del suelo. Muchos relatos espirituales indican que la conexión con estos dragones despierta la sensación de pertenencia y alineación con las leyes naturales. A diferencia de las fuerzas celestiales que expanden la conciencia más allá del plano material, los dragones de tierra ayudan a anclar la energía, garantizando que la expansión espiritual ocurra con equilibrio y estabilidad. Son aliados poderosos para aquellos que desean transformar ideas abstractas en algo concreto, materializando aspiraciones de forma estructurada y consciente.

Trabajar con la energía de los dragones de tierra es comprender que la prisa muchas veces debilita el cimiento sobre el cual se construye la vida. Ellos enseñan a respetar el tiempo necesario para cada proceso, recordando que todo tiene su propio ritmo de crecimiento. La conexión con estos dragones puede fortalecerse a través de la inmersión en la naturaleza, el contacto directo con la tierra y la observación de los ciclos naturales. Las meditaciones que involucran la visualización de raíces profundas, fortaleciendo la conexión con la esencia terrenal, ayudan a sintonizarse con su energía estabilizadora. Aquellos que aprenden de los dragones de tierra descubren que el verdadero poder no está solo en la capacidad de avanzar, sino en la habilidad de sostener, proteger y preservar. Cuando se comprende esta lección, se vuelve posible construir una vida fundamentada en la seguridad, la solidez y la armonía con las fuerzas primordiales del universo.

La tierra es la base sobre la cual toda vida se desarrolla. Es ella la que proporciona alimento, refugio y soporte, garantizando que todo tenga un cimiento sólido para crecer. De la misma forma, los dragones de tierra enseñan sobre la importancia de la paciencia, la perseverancia y el respeto a los ciclos naturales. Su presencia recuerda que nada se construye sin fundamentos y que la prisa, muchas veces, lleva a la inestabilidad. Trabajar con esta energía significa comprender que todo tiene su tiempo y que el verdadero crecimiento ocurre de manera gradual y consistente.

Muchas tradiciones antiguas asocian a los dragones de tierra con las montañas, cavernas y bosques. Estos lugares, considerados sagrados, son vistos como portales donde la energía de la tierra se manifiesta de forma más intensa. Existen relatos de meditaciones y experiencias espirituales en que personas sintieron la presencia de estos dragones en lugares remotos, como si estuvieran protegiendo secretos ancestrales escondidos en las profundidades de la tierra.

Estos dragones también son considerados guardianes de tesoros ocultos. A diferencia de lo que sugieren las leyendas más populares, estos tesoros no son solo riquezas materiales, sino conocimientos antiguos, almacenados en lugares protegidos para aquellos que demuestran madurez para acceder a ellos. La metáfora del dragón que duerme sobre un montón de oro simboliza la sabiduría ancestral que espera ser descubierta por aquellos que realmente comprenden su valor.

La energía de los dragones de tierra es de protección y resistencia. Ayudan a crear barreras energéticas contra influencias negativas y a fortalecer el campo áurico de aquellos que buscan seguridad y equilibrio. Muchas personas que trabajan con la espiritualidad relatan que la conexión con estos dragones proporciona una sensación de solidez y seguridad, como si estuvieran siendo envueltas por una fuerza que mantiene todo en orden y alineado.

En el cuerpo humano, esta energía está asociada al chakra raíz, ubicado en la base de la columna. Este chakra gobierna la sensación de seguridad, la conexión con la realidad física y la estabilidad emocional. Cuando este centro energético está fuerte, la persona se siente firme en su jornada, confiada y resistente a los desafíos externos. Los dragones de tierra auxilian en la activación de este chakra, ayudando a construir una base sólida para cualquier tipo de crecimiento, ya sea material, emocional o espiritual.

Aquellos que se conectan con los dragones de tierra aprenden la importancia del respeto a las leyes naturales. A diferencia de los dragones de aire, que buscan la expansión, o de los dragones de fuego, que impulsan la transformación, los dragones de tierra enseñan el arte de la paciencia y la constancia. Todo en la naturaleza sigue un ritmo, y tratar de acelerar los procesos puede llevar al desequilibrio. Esta lección se refleja en la vida cotidiana, donde aprender a esperar el tiempo correcto para cada cosa trae resultados mucho más sólidos y duraderos.

La relación con la energía de los dragones de tierra puede fortalecerse a través del contacto directo con la naturaleza. Caminar descalzo, tocar árboles, sentir la textura de la tierra en las manos son formas simples, pero poderosas, de reconectarse con esta energía. Las meditaciones enfocadas en la visualización de raíces que se profundizan en el suelo, conectándose a la energía primordial de la Tierra, también son eficaces para fortalecer esta conexión.

Los dragones de tierra son grandes aliados de aquellos que desean construir algo duradero en sus vidas. Ya sean proyectos, relaciones o un camino espiritual, ellos enseñan que todo lo que tiene valor debe ser cultivado con paciencia y dedicación. Su presencia inspira seguridad y confianza, garantizando que las bases sean lo suficientemente firmes para soportar cualquier desafío.

La energía de estos dragones recuerda que no hay crecimiento verdadero sin fundamento. Antes de expandirse, es necesario enraizarse. Antes de avanzar, es preciso fortalecerse. Y antes de alcanzar grandes alturas, es necesario tener una base sólida sobre la cual apoyarse. Trabajar con los dragones de tierra es aceptar este principio y comprender que, en el tiempo correcto, todo florece y se manifiesta de la manera más equilibrada y armoniosa posible.

Capítulo 10
Dragones de Aire

Los dragones de aire personifican la esencia de la libertad, la sabiduría y la expansión de la conciencia, siendo fuerzas sutiles que trascienden las limitaciones del mundo material. Representan el intelecto agudo, la intuición elevada y la conexión con los planos superiores de la existencia. A diferencia de los dragones de tierra, que cimentan y estabilizan, o de los dragones de fuego, que impulsan y transforman con intensidad, los dragones de aire actúan como mensajeros del conocimiento cósmico, portando la levedad del viento y la profundidad de los pensamientos que se mueven más allá del tiempo y el espacio. Son maestros de la comunicación, inspirando ideas, revelaciones y comprensiones que a menudo parecen surgir de la nada, pero que, en realidad, son soplos de sabiduría insuflados por estos seres etéreos. Su presencia se siente como un llamado a la búsqueda del entendimiento, a la ampliación de las perspectivas y a la liberación de las cadenas del pensamiento limitado.

El aire es un elemento invisible, pero indispensable para la vida, y así también son los dragones que a él pertenecen. Se manifiestan a través de la intuición repentina, de las ideas innovadoras y de la claridad mental que surge como un rayo de luz en medio de la oscuridad de la duda. Son guardianes de los conocimientos ancestrales e interdimensionales, conectando a aquellos que los buscan con la vastedad del universo y sus infinitas posibilidades. En muchas tradiciones espirituales, son vistos como seres que ayudan en la comunicación con planos elevados, ayudando a comprender mensajes que no pueden ser captados solo por los sentidos físicos. Su energía resuena en el soplo del viento, en el vuelo de los pájaros, en el movimiento de las nubes y en el silencio cargado de significados que antecede a una gran revelación. La conexión con estos dragones se da en el espacio entre los pensamientos, donde la mente se aquieta lo suficiente para percibir las verdades que siempre estuvieron allí, esperando ser descubiertas.

Trabajar con la energía de los dragones de aire es una invitación a la expansión y a la transformación intelectual y espiritual. Ellos enseñan que la rigidez del pensamiento limita la evolución y que la verdadera sabiduría se encuentra en la flexibilidad y en la capacidad de ver más allá de las apariencias. Inspiran la creatividad, la curiosidad y la voluntad de explorar nuevos caminos, ayudando a aquellos que se conectan con su esencia a disolver creencias limitantes y a aceptar que el conocimiento nunca es estático, sino un flujo continuo de descubrimientos. Para establecer esta conexión, es esencial cultivar el silencio, la contemplación y la observación de la naturaleza, permitiendo que la mente se convierta en un cielo abierto, listo para recibir los mensajes que el viento transporta. Aquellos que se sintonizan con los dragones de aire aprenden a confiar en su intuición, a percibir señales sutiles a su alrededor y a abrazar la libertad del pensamiento, comprendiendo que la jornada del aprendizaje nunca tiene fin, sino que es un vuelo eterno rumbo a la comprensión más profunda del universo y de sí mismo.

El elemento aire es invisible, pero esencial. Está presente en todos los momentos, llenando el espacio a nuestro alrededor y sustentando la vida con cada respiración. Así como el viento transporta semillas a tierras distantes, los dragones de aire diseminan ideas, conectan dimensiones e inspiran a aquellos que están listos para escuchar. Son conocidos por su capacidad de traer mensajes del universo, manifestándose por medio de revelaciones súbitas, intuiciones precisas y una sensación de claridad mental que puede parecer surgir de la nada.

Las culturas antiguas frecuentemente asociaban a los dragones de aire con seres que dominaban los cielos y servían como intermediarios entre los mundos. En muchas mitologías, dioses y espíritus superiores viajaban montados en dragones alados, simbolizando su capacidad de trascender los límites del mundo físico. En tradiciones chamánicas, el viento y las corrientes de aire eran vistos como canales de comunicación entre los espíritus y los seres humanos, y los dragones de aire eran considerados guías capaces de transmitir conocimientos sagrados a los que lograban sintonizar su frecuencia.

Aquellos que buscan la conexión con los dragones de aire generalmente son personas que sienten un llamado a expandir su conciencia y acceder a niveles más elevados de comprensión. Estos dragones trabajan con el intelecto y la percepción, ayudando a desarrollar la intuición y la comunicación espiritual. Cuando un dragón de aire se aproxima, es común que su presencia sea percibida como una levedad en el ambiente, un soplo de inspiración o incluso señales en la naturaleza, como cambios repentinos en el viento.

El chakra asociado a los dragones de aire es el chakra de la garganta, que gobierna la comunicación y la expresión. Trabajar con esta energía fortalece la capacidad de expresarse con claridad, ya sea verbalmente, artísticamente o espiritualmente. Muchas personas que desarrollan esta conexión encuentran más facilidad para traducir sus ideas en palabras, acceder a nuevas formas de conocimiento y comunicarse con otros planos de la existencia.

Los dragones de aire también están ligados a la habilidad de viajar entre dimensiones. Algunas tradiciones esotéricas afirman que pueden abrir portales a realidades superiores, permitiendo que aquellos que se conectan con su energía tengan vislumbres de otras existencias y comprendan aspectos del universo que normalmente estarían más allá del alcance de la mente humana. Su presencia puede ser sentida en estados meditativos profundos, donde el flujo de pensamientos se vuelve más nítido y la mente parece expandirse más allá de sus límites habituales.

La conexión con los dragones de aire puede ser cultivada a través de prácticas que involucran la respiración consciente, la meditación al aire libre y la contemplación del cielo. Observar las nubes en movimiento, sentir la brisa en el rostro y prestar atención al ritmo del viento son formas sutiles, pero poderosas, de entrar en sintonía con esta energía. Algunas personas relatan que, al pedir orientación a estos dragones, reciben respuestas inesperadas por medio de coincidencias, palabras de extraños o incluso mensajes que parecen surgir espontáneamente en sus mentes.

Los dragones de aire también enseñan sobre la importancia de la levedad y la adaptabilidad. Así como el viento cambia de dirección sin esfuerzo, estos dragones muestran que la rigidez mental y la resistencia a los cambios pueden ser obstáculos para la evolución. Aquellos que aprenden a fluir con la energía del aire descubren que la vida se vuelve más armoniosa cuando se permiten cambiar de perspectiva y aceptar nuevas posibilidades.

Sin embargo, así como una tormenta puede surgir repentinamente, la energía de los dragones de aire también puede traer momentos de turbulencia. Cuando su presencia es fuerte, pensamientos acelerados, revelaciones intensas y una sensación de inquietud pueden surgir. Esto ocurre porque su vibración activa la mente, estimulando la búsqueda de respuestas y nuevas direcciones. Para equilibrar esta energía, es importante mantener momentos de pausa e introspección, permitiendo que las ideas se organicen naturalmente.

Los dragones de aire son grandes aliados de aquellos que desean expandir sus horizontes y comprender la interconexión entre todas las cosas. Ayudan a disolver ilusiones, a percibir patrones ocultos y a acceder a conocimientos que estaban más allá del alcance de la mente consciente. Muchas veces, su presencia marca el inicio de un período de despertar espiritual, donde la percepción de la realidad se amplía y nuevas verdades comienzan a emerger.

Aquellos que se conectan con los dragones de aire aprenden que la sabiduría no está solo en los libros o en las palabras, sino también en los espacios entre ellas. El silencio, el viento y el movimiento de las nubes llevan mensajes para aquellos que saben escuchar. Trabajar con esta energía es abrirse a lo desconocido, permitiendo que el flujo del universo traiga las respuestas correctas en el momento correcto.

La jornada con los dragones de aire es una invitación a elevar la mente, expandir la conciencia y confiar en la sabiduría que circula a través del cosmos. Su enseñanza principal es que el conocimiento verdadero no se encuentra en la rigidez de las certezas, sino en la libertad de explorar, cuestionar y descubrir. Aquellos que aceptan este llamado aprenden a volar más allá de las limitaciones de la mente y a ver el mundo con nuevos ojos, convirtiéndose en viajeros de la sabiduría infinita que los dragones de aire llevan consigo.

Capítulo 11
El Despertar Espiritual y los Dragones

La presencia de los dragones en el camino del despertar espiritual revela una conexión profunda entre estas entidades y la jornada de autodescubrimiento humano. Desde tiempos inmemoriales, los dragones han sido representados como guardianes de un conocimiento oculto, portadores de secretos ancestrales a los que solo los preparados pueden acceder. Diferentes culturas alrededor del mundo los describen como seres de inmenso poder, símbolos de la transformación y del dominio de las fuerzas naturales. Su energía no solo resuena con aspectos de la creación y la destrucción, sino también con la ascensión espiritual, guiando a aquellos que se encuentran en la búsqueda de una comprensión más profunda de la existencia. En el contexto del despertar de la conciencia, los dragones actúan como aliados poderosos, conduciendo al individuo por un proceso de crecimiento que exige valentía, disciplina y una apertura genuina a la evolución. Su presencia, ya sea a través de sueños, visiones o intuiciones sutiles, indica que el alma está lista para atravesar un nuevo portal de entendimiento, conectándose a dimensiones más elevadas de la realidad.

El despertar espiritual, impulsado por la fuerza de los dragones, no ocurre de forma aleatoria o sin propósito. Es, en realidad, un llamado interior, una respuesta del alma al anhelo por algo mayor que la realidad material. Este proceso puede comenzar con un sentimiento de inquietud, una sensación de que hay más para ser comprendido más allá del mundo físico. A menudo, aquellos que experimentan esta transformación relatan encuentros simbólicos con dragones en momentos de profunda introspección, como si estas entidades estuvieran aguardando el momento justo para manifestarse. Estos encuentros no son meras coincidencias, sino reflejos de una conexión que se fortalece a medida que el individuo expande su percepción. Los dragones, en estos casos, actúan como catalizadores, acelerando cambios internos y promoviendo una visión más amplia de la existencia. Ayudan a disolver bloqueos energéticos, a fortalecer la intuición y a despertar habilidades latentes que permanecían adormecidas. Así, la interacción con estas fuerzas espirituales no es simplemente un evento místico, sino una experiencia transformadora que reconfigura la forma en que se percibe la propia jornada.

 Esta conexión entre los dragones y el despertar espiritual también se manifiesta en la manera en que estos seres desafían y prueban a aquellos que buscan su sabiduría. A diferencia de guías espirituales que ofrecen respuestas fáciles o caminos seguros, los dragones estimulan al individuo a enfrentar sus miedos, a superar limitaciones autoimpuestas y a reconocer su verdadero potencial. Exigen compromiso y respeto, pues no comparten su conocimiento con aquellos que no demuestran madurez para recibirlo. En muchas tradiciones esotéricas, el dragón representa la unión de los opuestos: luz y sombra, creación y destrucción, miedo y valentía. Este simbolismo refleja el propio proceso del despertar, que implica confrontar aspectos internos que han sido negados o reprimidos. Así, aquellos que aceptan la presencia de los dragones en su jornada descubren que el crecimiento espiritual no se trata solo de ascender a planos superiores, sino también de integrar todas las partes del propio ser, encontrando equilibrio entre la fuerza instintiva y la sabiduría elevada. Esta es la verdadera esencia de la transformación que los dragones promueven: un renacimiento que conduce al individuo a un estado de conciencia expandida y a una conexión más profunda con el universo.

El despertar espiritual es un proceso complejo, donde el individuo comienza a ver la realidad más allá de las limitaciones impuestas por el mundo material. Este despertar no ocurre de manera súbita para todos; a menudo, se desarrolla gradualmente, conforme la persona se vuelve más receptiva a las energías sutiles. Los dragones desempeñan un papel importante en este proceso, ya que su energía ayuda a remover bloqueos, a fortalecer el espíritu y a expandir la conciencia. Aquellos que entran en contacto con su presencia frecuentemente relatan una aceleración en su desarrollo espiritual, sintiendo una necesidad profunda de buscar conocimiento y de transformar su forma de vivir.

Muchos relatos de conexión con los dragones comienzan con sueños vívidos y visiones intensas. Algunas personas describen encuentros con estos seres en paisajes grandiosos, como montañas imponentes, vastos océanos o cielos estrellados. Otras sienten su presencia durante meditaciones profundas, donde la energía dracónica se manifiesta como una ola de calor, un viento súbito o una sensación intensa de poder interno. Estos encuentros no son meras creaciones de la mente, sino experiencias reales de contacto con frecuencias superiores, donde los dragones actúan como guías y maestros.

El despertar espiritual guiado por los dragones puede ocurrir de diversas formas. Algunos dragones actúan como protectores, ayudando a la persona a fortalecerse emocional y espiritualmente para enfrentar desafíos y superar limitaciones. Otros dragones enseñan a través de experiencias transformadoras, llevando al individuo a cuestionar sus creencias y a trascender patrones antiguos. Esta jornada no siempre es fácil, pues los dragones no conceden conocimiento sin que haya esfuerzo y dedicación. Ellos prueban a aquellos que los buscan, exigiendo valentía, discernimiento y respeto.

La energía de los dragones también está profundamente ligada a la alineación de los chakras y al flujo energético del cuerpo. Muchos practicantes de sanación energética relatan que la presencia dracónica ayuda a la activación y purificación de los centros energéticos, especialmente del plexo solar y del chakra de la corona. El plexo solar es el centro de la fuerza de voluntad y del poder personal, y su activación permite que la persona tome control de su propia jornada. Por su parte, el chakra de la corona, localizado en la cima de la cabeza, es el portal hacia dimensiones superiores, y cuando se expande, facilita el acceso a la sabiduría cósmica.

Aquellos que experimentan un despertar espiritual con la influencia de los dragones frecuentemente sienten una transformación interna profunda. Miedos que antes parecían insuperables comienzan a perder su fuerza, pues la energía dracónica ilumina la verdadera naturaleza del ser. El individuo pasa a ver la vida con más claridad, comprendiendo que la realidad material es solo una parte de una existencia mucho mayor. Este despertar también puede llevar a cambios externos significativos, como nuevas direcciones en la carrera, en el estilo de vida y en las relaciones interpersonales.

La conexión con los dragones no es algo que pueda ser forzado. Ocurre cuando el individuo está listo para recibir sus enseñanzas. Algunas personas pueden sentir su presencia desde la infancia, mientras que otras solo establecen esta conexión más tarde, cuando ya han pasado por procesos internos que las prepararon para esta experiencia. Lo importante es que este contacto no es aleatorio; sucede cuando hay un propósito real, ya sea para aprendizaje, protección o evolución espiritual.

Una de las formas más eficaces de profundizar esta conexión es a través de la meditación y la visualización. Crear un espacio de tranquilidad y permitirse entrar en un estado de receptividad puede facilitar el contacto con la energía dracónica. Durante estas prácticas, es común que imágenes o sensaciones surjan espontáneamente, indicando la presencia de estos seres. Algunas personas relatan que sus dragones se presentan de formas específicas, con colores y características únicas, cada uno representando un aspecto de su jornada personal.

Otro método para fortalecer esta conexión es a través de la observación de la naturaleza. Los dragones están íntimamente ligados a los elementos, y sus energías pueden ser sentidas en ambientes naturales, como bosques, montañas, ríos y desiertos. Pasar tiempo en lugares donde la energía de la tierra es más pura puede ayudar a sintonizarse con su frecuencia, haciendo más fácil percibir su presencia.

Los dragones no son solo símbolos espirituales; son fuerzas vivas que interactúan con aquellos que están preparados para recibirlos. Su energía es intensa y puede acelerar procesos de despertar que estaban adormecidos. Sin embargo, ellos no hacen este trabajo solos. La persona necesita estar dispuesta a mirar hacia dentro de sí misma, a encarar sus sombras y a asumir responsabilidad por su propia evolución.

El despertar espiritual influenciado por los dragones no es un camino para todos. Exige compromiso, valentía y un deseo genuino de transformación. Aquellos que aceptan este llamado descubren un mundo nuevo, donde los límites de la realidad se expanden y nuevas posibilidades se abren. Los dragones guían este proceso con fuerza y sabiduría, mostrando que la jornada espiritual no es un destino fijo, sino una evolución constante.

La presencia de los dragones en la espiritualidad humana siempre ha estado ligada a la búsqueda del conocimiento verdadero. En tiempos antiguos, solo los iniciados tenían acceso a sus misterios, y aquellos que intentaban acercarse sin la debida preparación frecuentemente fracasaban. Hoy, con el despertar colectivo de la humanidad, estas enseñanzas se están volviendo más accesibles, y cada vez más personas sienten el llamado a reencontrar esa conexión perdida.

El despertar espiritual es un renacimiento. Es el descubrimiento de que el mundo va más allá de lo que los ojos físicos pueden ver y de que la realidad es mucho más vasta e interconectada de lo que se imagina. Los dragones forman parte de este proceso, guiando a aquellos que están listos para comprender su presencia y recibir sus enseñanzas. Para quien siente este llamado, la jornada apenas ha comenzado. Los dragones observan, aguardan y, cuando llega el momento adecuado, se hacen presentes para aquellos que están preparados para volar a su lado.

Capítulo 12
Portales Energéticos

El paisaje terrestre está entrelazado por una red de fuerzas invisibles, flujos energéticos que recorren su extensión como arterias palpitantes de un organismo vivo. Estos canales de energía, conocidos por diferentes nombres en diversas tradiciones espirituales, forman un tejido vibrante que conecta montañas, bosques, océanos y desiertos en un patrón dinámico e interconectado. Algunos puntos de este vasto circuito irradian una intensidad singular, funcionando como portales energéticos, donde la frontera entre lo tangible y lo sutil se difumina. Estos lugares son más que meros accidentes geográficos; representan puntos de convergencia entre las fuerzas telúricas y cósmicas, donde el flujo de energía se intensifica, proporcionando experiencias de conexión espiritual, sanación y expansión de la conciencia. Antiguas civilizaciones, al percibir estas emanaciones, erigieron monumentos, templos y alineaciones astronómicas para marcar y potenciar estos espacios, reconociéndolos como centros de poder y sabiduría. La presencia constante de mitos y leyendas asociadas a estos lugares revela que, desde tiempos inmemoriales, la humanidad ha sentido el impacto de estas fuerzas y ha buscado comprenderlas.

Dentro de este contexto, la conexión entre los portales energéticos y las fuerzas de la naturaleza se despliega de manera aún más profunda, manifestándose en la simbología de los dragones. Lejos de ser solo criaturas del folclore, estas entidades son frecuentemente descritas como guardianes de los grandes flujos energéticos de la Tierra. En muchas tradiciones, los dragones representan la fuerza primordial que serpentea por el planeta, análoga a las líneas de energía que recorren el suelo y se encuentran en estos vórtices de poder. Culturas antiguas percibieron esta correspondencia y asociaron a los dragones con la protección de cavernas sagradas, ríos ancestrales, montañas imponentes y lugares de intensa carga espiritual. Estas historias no surgieron por casualidad; reflejan una percepción intuitiva de la naturaleza viva de estos portales y de la presencia de inteligencias espirituales que los vigilan y mantienen su equilibrio. Así, la interacción con un portal energético no se limita a un fenómeno geográfico o magnético, sino que implica un contacto con fuerzas que trascienden la materia, abriendo puertas a dimensiones más sutiles de la realidad.

La experiencia humana con estos portales varía según la sensibilidad y la disposición de cada individuo. Para aquellos que se acercan con reverencia e intención clara, estos lugares pueden revelarse como puntos de transformación profunda. Muchos relatan sensaciones inexplicables al pisar determinados terrenos: un hormigueo por el cuerpo, un cambio en la percepción del tiempo, sueños vívidos o incluso encuentros espirituales marcantes. En ciertas culturas, los peregrinos realizan rituales para "pedir permiso" antes de adentrarse en estos espacios sagrados, reconociendo la presencia de los guardianes energéticos, muchas veces simbolizados por los propios dragones. Este acto no es solo una formalidad, sino un reconocimiento de que estos portales no son meras anomalías geográficas, sino puntos de contacto entre diferentes niveles de existencia. De esta forma, comprender y respetar los portales energéticos significa también comprender la antigua conexión entre la Tierra, sus flujos vitales y las conciencias sutiles que los habitan.

En este contexto de fuerzas telúricas y sutiles, los dragones se revelan como parte intrínseca de este gran organismo planetario. Diversas culturas alrededor del mundo han retratado a los dragones no solo como seres míticos, sino también como personificaciones de las energías de la naturaleza. Es común que leyendas milenarias sitúen a los dragones en montañas sagradas, fuentes termales, cavernas profundas o antiguos robles, precisamente lugares asociados al flujo intensificado de energía de la Tierra. Esta conexión simbólica sugiere que los dragones están íntimamente ligados a los portales energéticos, actuando como guardianes y facilitadores de estas fuerzas. En términos espirituales, podemos entenderlos como inteligencias ancestrales que habitan el campo sutil del planeta, manifestándose a través de estos vórtices de poder cuando se cumplen determinadas condiciones.

Alrededor del mundo, existen tradiciones que vinculan a los dragones con puntos de gran poder. En

Asia, por ejemplo, existe el concepto chino de "líneas del dragón". Los antiguos maestros del feng shui creían que corrientes de energía recorren la tierra en venas serpenteantes, y que donde estas líneas se cruzan surgen lugares de fuerza singular. En estos puntos, se dice que dragones celestiales descansan o vigilan. Montañas veneradas como el Monte Kunlun y el Monte Song, en China, son consideradas moradas de dragones y coinciden con líneas de energía vitales del territorio. En Japón, leyendas del dios dragón Ryūjin sitúan su presencia en lagos profundos y manantiales cristalinos; no por casualidad, muchos de estos lugares son considerados portales entre el mundo humano y los reinos espirituales. También las culturas del Himalaya cuentan sobre dragones ocultos en las cumbres y lagunas sagradas del Tíbet, asociados a nubes inusuales y vientos repentinos en las alturas silenciosas, señales, dicen los monjes, de la actividad de fuerzas dracónicas invisibles.

En Europa, la correspondencia entre portales de energía y mitología dracónica es también evidente. Los celtas y otros pueblos antiguos construyeron monumentos en lugares peculiares donde la energía de la tierra parecía vibrar más intensamente. Stonehenge, en Inglaterra, y otros círculos de piedra fueron erigidos sobre venas de fuerza que hoy llamamos líneas ley. Curiosamente, tradiciones orales posteriores asocian serpientes o dragones a estos sitios, haciendo eco de la percepción de un poder serpentino allí. En el folclore galés, se habla de dragones bajo las colinas: la leyenda de Dinas Emrys narra sobre un dragón rojo y otro blanco durmiendo dentro de la montaña y disputando el destino del reino. El monte asociado a esta leyenda coincide con un foco de energía telúrica señalado por geomantes modernos. En tierras eslavas, en Polonia, la Colina Wawel en Cracovia es célebre por la leyenda del Dragón de Wawel, que vivía en una caverna bajo el castillo. Coincidentemente (o no), este mismo local es reverenciado por místicos actuales como albergando un "chakra de la Tierra", una fuente de energía sutil emanando de las rocas antiguas. Así, vemos un patrón: donde hay un portal energético poderoso, hay frecuentemente un dragón en las historias de los pueblos, como si la conciencia colectiva hubiese percibido una presencia guardiana allí.

En las Américas, de norte a sur, encontramos también esta conexión entre grandes serpientes o dragones y lugares de poder. En los Andes, el Lago Titicaca y Machu Picchu destacan como centros energéticos reverenciados. Mitos hablan de serpientes titánicas, como la Amaru, habitando las profundidades del Titicaca, mientras muchos visitantes de Machu Picchu describen sentir un guardián ancestral serpenteando por las montañas al amanecer. En Mesoamérica, la civilización maya nos legó la pirámide de Kukulkán en Chichén Itzá, dedicada al dios serpiente emplumada, un dragón celestial cuyo retorno es escenificado cuando la luz del equinoccio desciende por la escalinata en forma de serpiente de sombras. Este espectáculo no es solo astronómico, sino también simbólico: representa la apertura de un portal entre el cielo y la tierra, un momento en que la divinidad dracónica toca el mundo humano con su sabiduría y fuerza.

Pero, ¿cómo nosotros, individuos comunes, podemos percibir e interactuar con estos portales energéticos? La clave está en agudizar nuestros sentidos sutiles y cultivar una postura de respeto y apertura. Muchos puntos de poder del planeta no revelan su energía a un observador desatento o escéptico. Es necesario adentrarse en tales lugares con la misma reverencia con que se entra en un templo vivo de la naturaleza. Al silenciar la mente y calmar la respiración, pasamos a sentir el ambiente de modo diferente: un leve hormigueo por el cuerpo, o cambios sutiles en la temperatura y en la densidad del aire alrededor. A veces, la sensación es emocional: una paz repentina o, por el contrario, una inquietud que no parece venir de nosotros. Son indicios de que estamos interactuando con el campo energético local. Técnicas de visualización pueden intensificar esta conexión, por ejemplo, imaginar raíces de luz brotando de nuestros pies y penetrando el suelo, o visualizarnos envueltos por una espiral de luz ascendente conectando cuerpo y cielo. Conocer la historia y la mitología del lugar también ayuda: al evocar mentalmente los símbolos del dragón o del guardián asociado, sincronizamos nuestra mente a la egrégora espiritual de aquel portal.

Interactuar con un portal energético exige sensibilidad y humildad. Chamanes y místicos enseñan que debemos "pedir permiso" a los guardianes del lugar, y aquí los dragones desempeñan un papel central como guardianes espirituales. En la práctica, esto significa que al llegar a uno de estos lugares, se hace una oración o intención respetuosa, demostrando buena voluntad y respeto por las fuerzas allí presentes. Se puede, por ejemplo, tocar la tierra con la palma de la mano y mentalizar un saludo al espíritu del lugar. Si hay de hecho una presencia dracónica u otra conciencia guardiana, esta actitud de reverencia ayuda a abrir un canal de comunicación sutil. Algunas personas relatan recibir "respuestas" de forma intuitiva: impresiones, imágenes mentales o una claridad de pensamiento repentina, como si el lugar les contara secretos en silencio. Interactuar es también saber escuchar. Permanecer quieto, observando la naturaleza alrededor (el movimiento del viento, el comportamiento de los animales, el dibujo de las nubes) puede ofrecer señales. Los dragones suelen manifestarse de forma velada: tal vez en el vuelo inesperado de un pájaro, en un rayo de sol atravesando los árboles en el momento oportuno, o incluso en un susurro del viento entre las hojas. Su lenguaje es la sincronicidad, captada por la intuición.

El papel de los dragones en estos portales va más allá de simplemente habitar o vigilar. Son protectores, activadores y mantenedores de los vórtices de fuerza. Como protectores, aseguran que las energías permanezcan equilibradas y que influencias negativas o destructivas no perturben el lugar sagrado. Hay historias de sitios de poder que "rechazaron" a visitantes malintencionados; en la perspectiva mística, sería la acción del guardián dracónico bloqueando a aquellos que podrían profanar el lugar. Por otro lado, para los de corazón puro o buscadores sinceros, se dice que el dragón del local puede revelarse de maneras sutiles, ofreciendo protección e incluso orientación. Como activadores, los dragones actúan en momentos clave, despertando el potencial de un portal cuando llega el momento adecuado. Pueblos ancestrales realizaban ceremonias para "despertar" el espíritu del lugar: invocaban serpientes de luz emergiendo de la tierra (o sea, la propia energía del dragón) para renovar la fertilidad y la armonía. Estos rituales sugieren que los dragones, como expresiones de la energía telúrica, despertaban junto con la conciencia colectiva en ciclos sagrados. Por último, como mantenedores, estos seres ayudarían a regular el flujo de energías a lo largo de los siglos. Incluso cuando un vórtice no está evidente o está olvidado por las personas, el dragón guardián permanece en vigilia, garantizando que el pulso vital continúe fluyendo. Podemos imaginarlos como jardineros invisibles del campo energético planetario, podando excesos, fortaleciendo puntos debilitados y guiando el flujo para mantener el equilibrio entre Tierra y Cielo.

    No faltan relatos de experiencias en portales que las personas interpretan como encuentros con dragones. No siempre es una visión clara de un ser alado y escamoso; de hecho, raramente lo es. Las manifestaciones dracónicas suelen ser sutiles, percibidas con el "ojo interno" o en sueños inspirados por la estadía en determinado lugar sagrado. Un viajero que pernoctó cerca de Stonehenge relató haber soñado con un enorme dragón blanco serpenteando entre las piedras bajo un cielo estrellado; al despertar, sintió que había recibido un mensaje sobre la unión entre cielo y tierra. En el Monte Shasta, en California, un grupo de meditadores afirmó haber visto el contorno de un dragón dorado formarse en las nubes sobre el pico nevado, seguido de una ola de bienaventuranza que los envolvió, como si aquella aparición celestial los bendijera.

También hay experiencias de curación y transformación personal atribuidas a la presencia dracónica en estos lugares. Una curandera andina narró haber sentido una fuerte corriente recorrer su espina dorsal al meditar a orillas del Lago Titicaca; ella visualizó una serpiente luminosa subiendo en espiral por su cuerpo y, después de eso, obtuvo profundos insights y una sensación de purificación espiritual, atribuyendo el fenómeno a la bendición del espíritu guardián del lago. De manera similar, peregrinos en el Monte Kailash, en el Tíbet (considerado por algunas tradiciones como morada de seres dracónicos) describen estados de conciencia alterados durante la circunvalación de la montaña. Algunos relatan un éxtasis repentino, como si una presencia amorosa y antiquísima los inundara. Estas vivencias personales refuerzan en quienes las tienen la convicción de que los dragones no son solo metáforas, sino realidades sutiles que habitan lugares de poder.

A medida que exploramos los portales energéticos y la manifestación de los dragones, se delinea un cuadro coherente: la Tierra, con su red de energías sutiles, parece estar permeada por una conciencia inteligente que muchas culturas retrataron en forma de dragón. Estos seres, al mismo tiempo míticos y reales en el plano espiritual, serían expresiones de la propia alma del mundo, conectando los lugares sagrados como hilos de un gran tapiz luminoso. Cada portal energético sería un nudo donde el dragón (la energía consciente de la Tierra) aflora para interactuar con quien allí esté receptivo. Así, visitar un lugar de estos no es solo turismo o curiosidad; puede convertirse en un encuentro transformador con fuerzas primordiales. Cuando caminamos sobre un suelo consagrado por el tiempo y la veneración de generaciones, estamos pisando también en el rastro de los dragones. Sentir su presencia es acceder a un nivel más profundo de realidad, donde naturaleza y espíritu se funden.

En resumen, los portales energéticos esparcidos por el mundo funcionan como puntos de contacto entre nuestro mundo físico y las dimensiones sutiles. Son pasajes vivos por donde fluye la energía que alimenta la vida y la conciencia planetaria. Y los dragones, lejos de ser solo criaturas de cuento, despuntan como guardianes y manifestadores de estas fuerzas. Reconocer esta conexión nos invita a una relación más reverente con la Tierra. Significa entender que cada montaña sagrada, cada lago misterioso, cada círculo de piedra antiguo no está vacío; allí puede habitar la sabiduría dracónica, silenciosa, a la espera de aquellos que lleguen con corazón abierto y espíritu despierto. Al respetar y procurar comprender estos vórtices y sus guardianes, honramos la antigua alianza entre humanidad y dragones, renovándola para los tiempos que vendrán.

Capítulo 13
Conexión con los Dragones

La conexión con los dragones se manifiesta en un plano sutil, accesible solo para aquellos que han cultivado la sensibilidad necesaria para percibir su presencia. Estos seres no se materializan de manera tangible en el mundo físico, pero su energía puede sentirse como un flujo vibrante que atraviesa dimensiones y resuena profundamente en el alma. Esta interacción no ocurre por azar ni puede ser forzada; se establece gradualmente, a medida que el individuo expande su percepción y se sintoniza con las frecuencias que sostienen esta forma de consciencia. Los dragones, en su aspecto espiritual, son guardianes del conocimiento ancestral y portadores de una sabiduría primordial que trasciende el tiempo y el espacio. Para quienes buscan esta conexión, es esencial cultivar un estado de receptividad y respeto, comprendiendo que estos seres interactúan únicamente con aquellos que demuestran sinceridad y madurez espiritual.

La presencia dracónica puede percibirse de distintas formas, dependiendo de la sensibilidad de cada individuo. Para algunos, se manifiesta como una sensación de calor intenso que recorre el cuerpo, similar a una corriente eléctrica sutil que despierta centros energéticos adormecidos. Para otros, es un estado de serenidad profunda, un silencio interno que se impone y abre espacio para intuiciones claras e insights transformadores. También hay quienes experimentan esta conexión a través de sueños vívidos, donde los dragones aparecen como guías o protectores, transmitiendo mensajes enigmáticos que se vuelven comprensibles con el tiempo. En momentos de meditación o introspección, su presencia puede sentirse como un campo de energía circundante, una pulsación que altera la percepción de la realidad y amplía la conciencia. Estas manifestaciones no siguen un patrón fijo, ya que la forma en que cada persona interactúa con esta energía depende de su camino individual y del nivel de sintonía que ha alcanzado.

Para establecer y fortalecer esta conexión, es necesario desarrollar prácticas que aumenten la percepción energética y la afinidad con los elementos que simbolizan la esencia dracónica. La meditación es uno de los caminos más eficaces, permitiendo que la mente se calme y se vuelva receptiva a impresiones sutiles. Visualizar un espacio sagrado –como una montaña imponente, una cueva ancestral o un cielo infinito– e imaginar la presencia de un dragón puede ayudar a crear un vínculo gradual con esta energía. Asimismo, prestar atención a señales y sincronicidades en la vida cotidiana puede revelar la aproximación de esta fuerza: imágenes recurrentes de dragones, encuentros inesperados con referencias a estos seres o incluso cambios en la energía circundante son indicios de que la conexión se está formando. Trabajar con los cuatro elementos –fuego, tierra, agua y aire– también puede facilitar esta alineación, ya que los dragones suelen asociarse con las fuerzas primordiales de la naturaleza. Encender una llama con intención, sentir la brisa en un momento de contemplación, sumergirse en aguas naturales o caminar descalzo sobre la tierra son formas sutiles, pero poderosas, de crear armonía con esta presencia ancestral. Así, la conexión con los dragones no es solo un evento místico aislado, sino un proceso continuo de despertar y transformación, que exige dedicación, respeto y una búsqueda sincera del autoconocimiento.

La energía dracónica se manifiesta de múltiples maneras. Algunas personas describen su presencia como una fuerza intensa, una especie de calor o electricidad que recorre el cuerpo, mientras que otras la perciben como una ola de serenidad y sabiduría profunda. En ciertos momentos, puede sentirse como un susurro en la mente, una voz que no es exactamente externa ni interna, pero que transmite mensajes con claridad absoluta. En otros casos, se manifiesta a través de sueños vívidos, donde los dragones aparecen como guías o protectores, transmitiendo enseñanzas que se vuelven más comprensibles con el tiempo.

Muchos de los que sienten la energía de los dragones relatan un cambio sutil en el ambiente que los rodea. El aire puede sentirse más denso, como si estuviera vibrando, y una sensación de presencia fuerte, pero no opresiva, puede surgir repentinamente. Esta percepción suele ocurrir en momentos de introspección o meditación, cuando la mente está tranquila y abierta a recibir estas impresiones. También hay quienes notan la presencia dracónica en momentos de gran necesidad, cuando enfrentan desafíos internos o externos y sienten un impulso inexplicable de fuerza y coraje, como si algo más grande los estuviera amparando.

Para desarrollar la sensibilidad a la energía de los dragones, es necesario cultivar la percepción sutil y la conexión con el mundo energético. Prácticas como la meditación y la visualización son fundamentales para crear un canal receptivo para esta frecuencia. Durante la meditación, se puede imaginar un vasto espacio abierto, como una montaña antigua o un valle virgen, y visualizar un dragón emergiendo de ese escenario. Esta imagen no necesita ser detallada o fija, ya que la mente intuitiva completará los detalles conforme la conexión se fortalezca. Cuanto más se repita la práctica, más clara se volverá la sensación de presencia e interacción.

Otra forma de sintonizarse con esta energía es prestar atención a las señales que surgen en la vida cotidiana. Los dragones a menudo se comunican a través de sincronicidades y símbolos que aparecen repetidamente. Encontrar imágenes de dragones inesperadamente, escuchar historias sobre ellos en momentos significativos o incluso sentir impulsos inexplicables para aprender más sobre su naturaleza puede ser una indicación de que esta energía se está acercando. Cuanto más se observen y reconozcan estas señales, más fuerte será el vínculo creado.

El uso de elementos naturales también puede facilitar esta conexión. Los dragones están asociados con los cuatro elementos –fuego, agua, tierra y aire–, y trabajar con estos elementos en prácticas espirituales puede ayudar a anclar su energía. Encender una vela, sumergirse en un río o mar, caminar descalzo sobre la tierra o sentir el viento en el rostro son formas simples, pero poderosas, de alinearse con sus fuerzas. Ciertas piedras y cristales, como la obsidiana, la amatista y el cuarzo, también son conocidos por ayudar en la sintonía con energías dracónicas, ya que amplifican la percepción espiritual y la conexión con planos sutiles.

Los símbolos sagrados ligados a los dragones también pueden servir como anclas para esta energía. Muchos relatos indican que ciertos símbolos, cuando se usan en meditaciones o visualizaciones, facilitan el contacto y la activación de la conciencia dracónica. Algunos de estos símbolos aparecen en culturas antiguas, como los glifos chinos que representan dragones celestiales o las espirales celtas, que evocan el movimiento serpentino de la energía primordial. Crear o llevar consigo un símbolo personal que represente esta conexión puede actuar como un canalizador de su presencia en el día a día.

Existen muchas experiencias documentadas de personas que han sentido o interactuado con la presencia de los dragones. Algunas relatan encuentros inesperados durante proyecciones astrales, donde sintieron la presencia imponente de un dragón observándolas, sin palabras, pero transmitiendo una sabiduría silenciosa. Otras mencionan que, en momentos de gran tensión o peligro, un instinto agudizado y una fuerza interior surgieron como si vinieran de algo más allá de sí mismas, dándoles coraje para actuar. Muchos espiritualistas creen que estas experiencias son manifestaciones de la energía dracónica, que se hace presente para guiar, proteger y enseñar.

La conexión con los dragones no es algo que pueda ser apresurado o exigido. Se produce de manera orgánica, conforme la persona se vuelve más receptiva y preparada para lidiar con esta fuerza ancestral. Aquellos que intentan invocar a los dragones con intenciones egoístas o sin el debido respeto rara vez logran establecer un vínculo real. Estos seres no responden a deseos superficiales o meros caprichos humanos; interactúan con aquellos que demuestran un verdadero compromiso con su propio crecimiento y evolución.

Los dragones son guardianes del conocimiento oculto, y su energía no puede ser manipulada sin consecuencias. Por ello, es esencial que cualquier intento de conexión con ellos se haga con sinceridad, humildad y una disposición genuina para aprender. Para aquellos que realmente desean sentir su presencia, la clave no está en la búsqueda desenfrenada, sino en la preparación interna. Estar alineado consigo mismo, buscar la verdad sin ilusiones y desarrollar la intuición son pasos fundamentales para crear este vínculo.

Sentir la energía de los dragones es más que un simple fenómeno espiritual; es una invitación a trascender los límites de la mente ordinaria y acceder a una conciencia más amplia. Es un llamado a integrar fuerza, sabiduría y equilibrio, permitiendo que su presencia guíe el viaje personal de cada uno. Aquellos que se abren a esta experiencia encuentran no solo un contacto espiritual profundo, sino también una transformación interior que resuena en todas las áreas de la vida.

La conexión con los dragones es un camino de autoconocimiento y despertar, donde la energía dracónica se convierte en parte de la propia esencia del individuo. A medida que esta conexión se fortalece, la percepción de la realidad se expande, y el mundo comienza a verse bajo una nueva perspectiva, donde todo está interconectado y cargado de significado. Los dragones son maestros silenciosos que aguardan a aquellos que están listos para escuchar. Para quienes sienten el llamado, el primer paso es abrirse a su presencia y permitir que su energía fluya, guiándolos más allá de lo visible y despertando verdades que siempre estuvieron ocultas, esperando ser redescubiertas.

Capítulo 14
Dragones como Guardianes Espirituales

La presencia de los dragones como guardianes espirituales trasciende los límites de la mitología y se arraiga en el corazón de las tradiciones esotéricas más antiguas de la humanidad. Estas entidades no son meros símbolos de fuerza y poder, sino también representaciones de una conciencia elevada que protege, guía y desafía a aquellos que se encuentran en el sendero de la evolución espiritual. Su energía es percibida por quienes están preparados para acceder a conocimientos ocultos y enfrentar las pruebas necesarias para la expansión de la conciencia. A diferencia de la imagen feroz y destructiva asociada a muchas leyendas occidentales, los dragones son, en realidad, guardianes de la sabiduría primordial, actuando como puentes entre el mundo material y las dimensiones superiores. No conceden su protección de manera indiscriminada; su presencia se manifiesta solo cuando hay un verdadero propósito espiritual y una sincera búsqueda por la comprensión de los misterios de la existencia.

La función de los dragones como guardianes puede manifestarse de diversas maneras. En algunos casos, protegen lugares de intenso poder energético, asegurando que solo aquellos con madurez espiritual puedan acceder a estas regiones. Muchas culturas alrededor del mundo relatan la presencia de dragones vigilando templos sagrados, montañas ancestrales, cavernas profundas y portales interdimensionales. Estos lugares no son solo espacios físicos, sino también puntos de convergencia entre diferentes capas de la realidad, donde la energía es intensa y transformadora. A nivel individual, los dragones también actúan como guías espirituales, auxiliando a aquellos que enfrentan procesos internos profundos de transformación. Muchas personas que se conectan con su energía relatan sentir su presencia en momentos cruciales de la vida, cuando grandes desafíos surgen o cuando hay la necesidad de tomar una decisión importante. En estas situaciones, los dragones no ofrecen respuestas prefabricadas, sino que conducen al buscador a encontrar dentro de sí mismo el coraje y la sabiduría para seguir adelante.

  La relación entre los dragones y sus protegidos no se basa en la sumisión o la dependencia, sino en el crecimiento mutuo. Enseñan que la verdadera protección no proviene de barreras externas, sino del fortalecimiento interior. Quien busca esta conexión debe estar dispuesto a desarrollar autoconfianza, resiliencia y disciplina. La energía dracónica no protege a aquellos que huyen de sus desafíos, sino a aquellos que enfrentan sus miedos con determinación y buscan el equilibrio entre poder y responsabilidad. Los dragones no imponen su presencia a aquellos que no están listos; aguardan pacientemente hasta que el llamado se hace con respeto e intención genuina. Aquellos que logran establecer esta conexión encuentran una fuerza invisible a su lado, no para eliminar dificultades, sino para proporcionar el apoyo necesario para que puedan superarlas por sí mismos. Así, los dragones no solo protegen, sino que moldean, transforman y elevan a aquellos que se muestran dignos de su presencia, conduciéndolos a un camino de profundo autoconocimiento y despertar espiritual.

El papel de los dragones como guardianes puede comprenderse desde diferentes perspectivas. En algunas tradiciones, protegen lugares sagrados y portales energéticos, asegurando que solo aquellos que poseen madurez espiritual puedan acceder a estos espacios. En otras, su función es más individual, sirviendo como guías para aquellos que recorren caminos de expansión de la conciencia y enfrentan desafíos internos profundos. En ambas situaciones, su presencia se percibe no como algo que impone barreras arbitrarias, sino como una fuerza que exige respeto, compromiso y un corazón puro para ser accedida.

Los relatos de dragones como protectores aparecen en diversas culturas alrededor del mundo. En Oriente, los dragones celestiales son vistos como guardianes de la armonía universal, equilibrando las fuerzas cósmicas para garantizar la estabilidad del mundo. En Japón y China, templos y montañas sagradas son frecuentemente asociados a estos seres, siendo considerados lugares donde su presencia puede ser sentida de forma más intensa. En la tradición tibetana, se cree que los dragones guardan textos sagrados y enseñanzas ocultas, revelándolos solo a aquellos que están preparados para comprenderlos.

En la Europa medieval, los dragones eran frecuentemente retratados como seres que protegían tesoros escondidos en cavernas o castillos antiguos. Aunque muchas de estas historias los presentan como criaturas hostiles, una mirada más profunda revela que estos "tesoros" no eran solo oro y joyas, sino símbolos del conocimiento prohibido o de la iluminación espiritual. El dragón no era solo un monstruo a ser derrotado, sino un desafío que probaba el coraje y la sabiduría de aquellos que buscaban acceder a tales riquezas. En algunas versiones de estas leyendas, los héroes que enfrentaban a los dragones no los destruían, sino que aprendían de ellos, recibiendo enseñanzas y bendiciones antes de proseguir su jornada.

En el chamanismo y en las tradiciones indígenas, los dragones o grandes serpientes aladas son considerados espíritus ancestrales que protegen tribus y regiones sagradas. En algunas culturas de América del Sur, se cree que estos seres viven en las profundidades de la selva o en las montañas, vigilando a aquellos que entran en sus dominios. Chamanes y curanderos relatan experiencias de contacto con estas entidades durante estados alterados de conciencia, donde reciben orientaciones sobre cómo equilibrar las energías y curar desequilibrios espirituales.

El concepto de los dragones como guardianes también está presente en relatos contemporáneos de experiencias espirituales. Muchas personas que se conectan con la energía dracónica describen una sensación de protección intensa, como si una fuerza invisible estuviera acompañando sus jornadas. Algunas relatan sueños vívidos donde los dragones aparecen como guías, ofreciendo consejos y advertencias sobre decisiones importantes. Otras perciben su presencia durante momentos de gran transformación personal, cuando la vida parece estar cambiando drásticamente y un nuevo camino comienza a formarse.

La relación entre los dragones y la protección espiritual también se manifiesta en el campo energético. Algunos practicantes de magia y espiritualidad trabajan con la energía dracónica para crear círculos de protección, fortalecer su campo áurico y alejar influencias negativas. Se cree que los dragones poseen una vibración extremadamente elevada, haciendo difícil la aproximación de fuerzas desarmónicas cuando su presencia es evocada. En algunas tradiciones, se realizan rituales específicos para pedir su protección, involucrando el uso de símbolos, mantras y ofrendas simbólicas que demuestran respeto y reverencia por su presencia.

La conexión con los dragones como guardianes espirituales no es algo que pueda ser forzado o manipulado. Estos seres no responden a invocaciones hechas sin propósito o a pedidos movidos por el ego. Su protección es concedida a aquellos que demuestran sinceridad, integridad y un deseo genuino de evolución. Aquellos que intentan invocarlos para fines egoístas o para obtener poder sin responsabilidad generalmente encuentran silencio o, en algunos casos, experiencias que los fuerzan a confrontar sus propias sombras antes de proseguir.

Los dragones enseñan que la verdadera protección no viene de barreras externas, sino del fortalecimiento interno. Trabajar con su energía no significa solo buscar seguridad, sino aprender a desarrollar autoconfianza y resiliencia ante los desafíos de la vida. Ellos guían a aquellos que están listos para enfrentar sus miedos, superar limitaciones y asumir total responsabilidad por su jornada espiritual. Esta protección no se manifiesta como una intervención directa, sino como una presencia que inspira fuerza y sabiduría, ayudando a encontrar el camino correcto incluso en las situaciones más difíciles.

Muchos de aquellos que establecen una conexión profunda con los dragones perciben cambios significativos en sus vidas. La presencia de estos guardianes puede llevar a una claridad mental mayor, a la superación de patrones destructivos y al despertar de habilidades intuitivas que antes estaban adormecidas. Hay relatos de personas que, después de conectarse con esta energía, pasaron a tener sueños más vívidos, sintieron un aumento de sensibilidad a las energías alrededor y desarrollaron una percepción más aguda sobre las intenciones de las personas y los eventos a su alrededor.

La forma en que los dragones eligen proteger a cada persona varía según su necesidad y su nivel de conciencia. Para algunos, su presencia puede ser percibida como una fuerza sutil que aleja influencias negativas incluso antes de que se aproximen. Para otros, puede manifestarse como una prueba, colocando desafíos en su camino para que fortalezcan su resiliencia y su capacidad de tomar decisiones con sabiduría. Los dragones no conceden protección de manera pasiva, sino que enseñan a aquellos que los siguen a convertirse en sus propios guardianes, asumiendo control sobre su propia energía y destino.

La jornada espiritual bajo la orientación de los dragones es un camino de crecimiento y responsabilidad. Para aquellos que se sienten llamados a esta conexión, el primer paso es desarrollar una relación de respeto y apertura, permitiendo que su presencia se revele de manera natural. Esto puede hacerse a través de la meditación, de la observación de las señales en el cotidiano y de la práctica de la introspección. Conforme esta relación se profundiza, la sensación de protección y guía se vuelve más clara, y las enseñanzas de los dragones pasan a manifestarse de forma más intensa y transformadora.

Los dragones son guardianes de fuerzas antiguas e intemporales, y su presencia en la vida de una persona es una señal de que está lista para recorrer un camino de autodescubrimiento y poder interior. No imponen protección de manera paternalista, sino que enseñan que la verdadera seguridad viene del conocimiento, del coraje y del equilibrio. Aquellos que los reconocen como guías y aprenden de sus enseñanzas descubren un mundo nuevo, donde la fuerza espiritual se manifiesta de forma consciente y responsable. Los dragones no solo guardan secretos y conocimientos ancestrales; guardan a aquellos que están listos para despertar a su verdadera esencia.

Capítulo 15
Evolución de la Conciencia

La evolución de la conciencia humana es un proceso continuo de expansión y transformación, impulsado por desafíos que exigen valentía, discernimiento y un profundo compromiso con el autoconocimiento. En diversas tradiciones espirituales, los dragones representan este viaje, simbolizando tanto las fuerzas que ponen a prueba al individuo como aquellas que lo guían hacia estados más elevados de percepción. Estos seres, a menudo descritos como guardianes de la sabiduría ancestral, no solo protegen conocimientos ocultos, sino que también actúan como catalizadores del cambio interior, conduciendo a aquellos que están listos a cruzar los portales de la comprensión ampliada. Su energía se manifiesta como un llamado a la superación de límites, desafiando a la mente a romper con viejas estructuras y a acceder a verdades más profundas sobre la naturaleza de la realidad y del propio ser.

La conexión con los dragones en el proceso de evolución de la conciencia no ocurre de manera lineal o predecible. Se da cuando el individuo alcanza un punto en su viaje en el que la antigua visión del mundo ya no le sirve, y la necesidad de expansión se vuelve inevitable. Este despertar a menudo ocurre a través de experiencias intensas, ya sean internas o externas, que exigen la deconstrucción de creencias limitantes y el abandono de patrones obsoletos. Los dragones, en este contexto, simbolizan la fuerza transformadora que impulsa este cambio, representando tanto el desafío como la solución. Su energía actúa como un fuego alquímico que purifica y fortalece, llevando la conciencia a estados más elevados de percepción. Aquellos que entran en contacto con esta fuerza frecuentemente reportan un aumento de la intuición, una claridad mental ampliada y una conexión más profunda con los aspectos sutiles de la existencia.

Más que simples arquetipos de poder y misterio, los dragones reflejan una inteligencia cósmica que interactúa con la humanidad en momentos de grandes transiciones individuales y colectivas. A lo largo de la historia, su presencia ha sido asociada a períodos de ruptura y renovación, momentos en que la conciencia colectiva es impulsada a evolucionar hacia nuevos niveles. Representan la necesidad de adaptación y crecimiento, enseñando que la verdadera evolución no viene de la resistencia al cambio, sino de la aceptación consciente del flujo transformador de la vida. Para aquellos que sienten el llamado de esta energía, el camino se abre hacia una jornada de profundo autodominio, donde los desafíos no son obstáculos, sino oportunidades de despertar a una realidad más amplia y significativa. De esta forma, la evolución de la conciencia bajo la influencia de los dragones no es solo un proceso de aprendizaje, sino una experiencia de renacimiento, donde lo antiguo se disuelve para dar lugar a lo nuevo, en un ciclo infinito de expansión y ascensión espiritual.

La evolución de la conciencia humana ocurre en ciclos, impulsada por experiencias que desafían la percepción de la realidad e incentivan al individuo a cuestionar sus creencias y expandir su visión del mundo. Los dragones desempeñan un papel esencial en este proceso, pues representan el puente entre el conocimiento oculto y la iluminación. En algunas tradiciones esotéricas, son vistos como guardianes de los misterios cósmicos, seres que ponen a prueba a aquellos que desean acceder a niveles más elevados de entendimiento. Esta prueba, sin embargo, no se da por medio de confrontaciones físicas, como en las leyendas medievales, sino a través del viaje interno que exige coraje, desapego y la disposición para abandonar antiguas ilusiones.

La conexión con la energía dracónica puede acelerar la activación del potencial humano latente. Así como la serpiente que simboliza el despertar de la kundalini, los dragones son energías que impulsan al ser humano a trascender su propia limitación. Su presencia puede ser sentida por aquellos que se encuentran en momentos de profunda transformación, cuando antiguos patrones están siendo destruidos para dar lugar a una nueva conciencia. Muchas personas relatan que, al entrar en contacto con la energía de los dragones, experimentan un aumento de la intuición, una ampliación de la percepción y una sensación intensa de propósito. Esto ocurre porque estos seres actúan como catalizadores del cambio, ayudando a disolver bloqueos internos y a expandir la visión espiritual.

La influencia de los dragones en la evolución de la conciencia no se restringe al individuo. En un nivel colectivo, su energía se manifiesta siempre que la humanidad pasa por períodos de grandes transiciones. A lo largo de la historia, ha habido momentos en que nuevas ideas emergieron, desafiando estructuras establecidas y llevando a saltos en la comprensión de la existencia. Muchos espiritualistas creen que los dragones están presentes en estos momentos, influenciando la conciencia colectiva para que la transformación ocurra de manera más armoniosa y acelerada. Su papel, en estos casos, es el de estimular la ruptura de paradigmas, permitiendo que la humanidad se abra a realidades antes consideradas inalcanzables.

El simbolismo de los dragones como agentes de cambio y despertar puede ser encontrado en diversas tradiciones espirituales. En la Alquimia, por ejemplo, el dragón representa el principio de la materia prima bruta que necesita ser refinada y transformada para alcanzar su estado de perfección. Él es tanto la fuerza destructiva que disuelve las impurezas como el fuego sagrado que purifica y eleva. Este simbolismo refleja el propio proceso de evolución espiritual, en el cual el ser humano necesita enfrentar sus sombras y atravesar desafíos internos antes de alcanzar un estado más elevado de conciencia.

La presencia de los dragones también está asociada al fortalecimiento de la intuición y a la apertura de nuevos niveles de percepción. Aquellos que establecen un vínculo con esta energía frecuentemente relatan un aumento en la claridad mental y en la capacidad de interpretar las señales sutiles del universo. La intuición se vuelve más aguda, permitiendo que las decisiones sean tomadas con mayor confianza y alineamiento con el propósito de vida. Además, muchos describen experiencias de contacto con los dragones por medio de sueños, meditaciones o momentos de *insight* espontáneo, en los cuales sienten su orientación de manera inconfundible.

Relatos de individuos que han pasado por experiencias profundas con la energía dracónica son numerosos y diversos. Algunas personas describen encuentros en estados meditativos, en los cuales un dragón surge como un guía, transmitiendo mensajes que resuenan en un nivel profundo. Otros afirman que su conexión con los dragones los ayudó a superar miedos, a enfrentar desafíos aparentemente insuperables y a redescubrir su propia fuerza interior. Hay también aquellos que relatan sentir una protección invisible en momentos de peligro o transición, como si una presencia ancestral estuviera velando por ellos.

Aquellos que buscan activamente la conexión con los dragones para auxiliar en su proceso de evolución deben estar preparados para cambios significativos. La energía dracónica no es sutil o complaciente; exige compromiso y disposición para crecer. A diferencia de otras formas de guía espiritual, los dragones no conducen el camino con dulzura, sino con la fuerza necesaria para que la transformación ocurra de manera profunda y verdadera. Su enseñanza principal es la de la autosuficiencia, del coraje y de la búsqueda incansable por la verdad.

El papel de los dragones en la evolución de la conciencia no se limita a un concepto abstracto o simbólico. Aquellos que sienten su presencia saben que su energía es real y puede ser trabajada de manera práctica en la vida cotidiana. Integrar la sabiduría de los dragones significa aprender a enfrentar desafíos sin miedo, desarrollar discernimiento para percibir lo que es esencial y actuar con determinación para manifestar cambios positivos. Ellos enseñan que la evolución espiritual no es un camino de escape, sino una jornada de autodominio y fortalecimiento interior.

A medida que más personas despiertan a la realidad más allá de lo visible, la influencia de los dragones en la conciencia humana tiende a volverse más evidente. Su retorno a la memoria colectiva no es una casualidad, sino una señal de que la humanidad está lista para acceder a niveles más profundos de sabiduría. Cada vez más individuos relatan sentir su presencia y aprender con su energía, indicando que estos seres están nuevamente volviéndose aliados activos en el proceso de ascensión planetaria.

Los dragones no son solo figuras de leyendas antiguas, sino fuerzas vivas que continúan influenciando a aquellos que están listos para recibirlas. Su papel en la evolución de la conciencia es el de desafiar, despertar y fortalecer. Están presentes siempre que un alma está lista para trascender sus limitaciones y abrazar su verdadera naturaleza. Trabajar con su energía no es un camino para los débiles, sino para aquellos que tienen el coraje de mirar hacia dentro de sí y aceptar la transformación necesaria para evolucionar.

El llamado de los dragones resuena para aquellos que poseen un espíritu indomable y una búsqueda genuina por la verdad. No aparecen para aquellos que buscan atajos o recompensas fáciles, sino para los que están dispuestos a recorrer el camino de la iluminación con integridad y determinación. Para aquellos que sienten esta conexión, la jornada es solo el comienzo. La presencia de los dragones indica que el alma está lista para despertar a su verdadera esencia y recorrer un camino de poder, sabiduría y transformación profunda.

Capítulo 16
Dragones y la Energía Kundalini

La conexión entre dragones y la energía Kundalini se manifiesta como un vínculo profundo entre el simbolismo mítico y la realidad energética presente en el ser humano. Los dragones son arquetipos universales de poder, transformación y conocimiento oculto, representando fuerzas primordiales que pueden tanto proteger como desafiar a aquellos que se atreven a despertar su verdadera esencia. La energía Kundalini, frecuentemente descrita como una serpiente dormida en la base de la columna vertebral, es una fuerza latente que, cuando se activa, recorre los centros energéticos del cuerpo, promoviendo la expansión de la conciencia y la transmutación interior. La relación entre ambos no se da solo en el campo de las metáforas, sino que refleja una realidad experimentada por aquellos que viven el despertar espiritual, donde fuerzas poderosas se desencadenan, exigiendo equilibrio, disciplina y comprensión para ser debidamente integradas. Así como los dragones de las leyendas guardan tesoros ocultos en cavernas profundas, la Kundalini resguarda dentro del ser humano un potencial de iluminación que aguarda el momento adecuado para emerger, conduciendo a una jornada de autodescubrimiento y elevación.

El ascenso de la Kundalini es comparable a la jornada del héroe que enfrenta y, eventualmente, doma al dragón. En los mitos, el enfrentamiento con el dragón no simboliza solo una batalla externa, sino que representa un proceso interno de superación de miedos, purificación emocional e integración de la propia sombra. De la misma manera, el despertar de la Kundalini exige que el individuo enfrente los aspectos no resueltos de su psique, permitiendo que esta fuerza ascienda de manera equilibrada, sin generar desequilibrios físicos, emocionales o espirituales. Si se despierta abruptamente o sin la preparación adecuada, esta energía puede desencadenar turbulencias, manifestándose como crisis existenciales, intensificación de traumas o incluso sensaciones físicas abrumadoras. Sin embargo, cuando se activa de forma consciente y progresiva, la Kundalini proporciona claridad mental, expansión de la percepción y alineación con dimensiones superiores de la existencia. En este contexto, el dragón no es un enemigo a ser derrotado, sino una manifestación del propio poder interior que necesita ser comprendido y dirigido hacia un propósito elevado.

La presencia de los dragones en mitologías y tradiciones esotéricas alrededor del mundo refuerza su conexión con la Kundalini como una fuerza cósmica reguladora de la vida. En Oriente, los dragones son frecuentemente asociados a la energía vital, llamada Qi, que circula por el cuerpo y el universo, sustentando la armonía de los ciclos naturales. En el hinduismo, la serpiente cósmica Shesha representa la energía primordial que da soporte a la existencia, reflejando la naturaleza oculta de la Kundalini. En Occidente, la imagen del dragón guardando tesoros ocultos remite al potencial espiritual latente dentro de cada individuo, un poder que necesita ser despertado con sabiduría para revelar su verdadera grandeza. De esta forma, la relación entre dragones y Kundalini trasciende las alegorías y se manifiesta como un principio universal, donde el despertar de la energía vital es un llamado a la transformación, exigiendo valentía, equilibrio y preparación para que su fuerza sea utilizada de manera constructiva e iluminadora.

En muchas culturas, el dragón simboliza la fuerza primordial, la energía bruta del universo que necesita ser refinada y dirigida hacia un propósito elevado. El paralelismo entre el dragón y la Kundalini no es solo metafórico, sino una correspondencia energética real percibida por aquellos que han pasado por procesos de despertar espiritual. Así como el dragón, la Kundalini puede ser un agente de destrucción o de iluminación, dependiendo de la forma en que se despierte y se conduzca. Cuando se activa de manera equilibrada, esta energía trae claridad, expansión de la percepción y alineación espiritual. Sin embargo, si se despierta sin la debida preparación, puede generar turbulencias emocionales, desorientación e incluso crisis existenciales.

Los dragones representan el movimiento ascendente de la Kundalini y su transformación a lo largo de los chakras. En la etapa inicial, la energía está dormida, simbolizada por el dragón adormecido en cavernas o en lugares ocultos, esperando el momento adecuado para despertar. Cuando se activa, la energía sube por la columna vertebral, despertando cada centro energético y trayendo cambios en diversos aspectos de la vida. Este proceso es semejante a la jornada del héroe que enfrenta a un dragón: no se trata de destruirlo, sino de aprender a dominarlo e integrarlo.

La activación de la Kundalini se describe frecuentemente como una sensación de calor intenso que sube por la espina dorsal, acompañada de *insights* profundos, mayor sensibilidad energética y cambios en la percepción de la realidad. Algunas personas relatan que, durante este proceso, tuvieron visiones de dragones, ya sea en sueños, estados meditativos o incluso como impresiones visuales fugaces en el mundo despierto. Estos relatos sugieren que los dragones pueden actuar como guías o manifestaciones simbólicas de esta fuerza vital en ascenso.

La conexión entre los dragones y la Kundalini también se puede observar en la mitología y en las tradiciones esotéricas. En Oriente, los dragones son frecuentemente retratados como fuerzas celestiales asociadas a la iluminación y a la sabiduría. En el taoísmo, el dragón es símbolo de la energía vital llamada Qi, que circula por el cuerpo y el universo, regulando los ciclos de la vida. En el hinduismo, la serpiente cósmica Shesha, sobre la cual reposa Vishnu, es una representación clara de esta energía latente que sustenta la existencia. Ya en la tradición occidental, la figura del dragón guardando tesoros y cavernas puede ser vista como una metáfora de la energía espiritual oculta dentro del ser humano, que necesita ser despertada e integrada conscientemente.

Muchas personas que han experimentado el despertar de la Kundalini relatan sentir una presencia intensa, algo que no puede ser descrito solo como energía impersonal, sino como una fuerza consciente, casi como un ser observador. Hay quienes describen la sensación de una mirada invisible, como si una entidad estuviera acompañando el proceso. En algunos casos, sueños con dragones aparecen justamente en estos momentos de transición, como si la energía Kundalini asumiera esta forma simbólica para comunicarse con la psique del individuo.

Trabajar con la Kundalini exige equilibrio, pues su activación despierta tanto aspectos luminosos como sombras internas que necesitan ser enfrentadas. El dragón es un símbolo de esta dualidad: puede ser destructor cuando su fuerza es ignorada o usada de manera imprudente, pero también es un maestro para aquellos que comprenden su verdadera naturaleza. Así como un dragón alado que sube a los cielos, la Kundalini, cuando es guiada correctamente, eleva la conciencia a niveles superiores, permitiendo que el individuo tenga experiencias espirituales más profundas y una comprensión expandida de la realidad.

Para despertar y trabajar con esta energía de manera segura, es esencial adoptar prácticas que promuevan el equilibrio y la preparación gradual. Meditaciones enfocadas en la respiración consciente y en la alineación de los chakras ayudan a estabilizar la energía antes de que comience a ascender. Técnicas de visualización, donde se imagina una serpiente o un dragón subiendo por la columna, pueden auxiliar en la dirección de esta fuerza de manera consciente. El uso de posturas de yoga específicas, como asanas que activan el chakra raíz y el chakra de la corona, también es indicado para armonizar esta energía y evitar desequilibrios.

Otro aspecto fundamental es la purificación emocional y mental. La energía Kundalini amplifica todo lo que ya existe dentro del individuo, tanto aspectos positivos como bloqueos no resueltos. Por eso, aquellos que desean despertar esta fuerza deben primero trabajar en la limpieza de traumas, creencias limitantes y emociones reprimidas. Muchos relatos de experiencias difíciles con la Kundalini ocurren porque la energía encuentra obstáculos internos y necesita romperlos abruptamente, lo que puede generar crisis emocionales o físicas.

Además de las prácticas individuales, la conexión con los dragones como arquetipos puede ser una herramienta poderosa en este proceso. Algunas tradiciones enseñan que invocar la energía dracónica antes de prácticas de meditación o expansión de la conciencia puede traer protección y orientación. Esto se puede hacer a través de rituales simples, como encender velas o inciensos mientras se mentaliza la presencia de un dragón guardián, pidiendo que esta fuerza auxilie en la armonización de la energía Kundalini.

También hay quienes perciben a los dragones como manifestaciones de la propia Kundalini en diferentes etapas de desarrollo. Al principio, puede surgir la imagen de un dragón terrestre, robusto y aún ligado al plano material, representando el despertar inicial de la energía. Conforme el proceso avanza, el dragón puede aparecer alado, simbolizando el ascenso por los centros superiores de conciencia. En la etapa final, puede surgir como una entidad de pura luz, representando la fusión completa entre materia y espíritu.

La relación entre los dragones y la Kundalini no es solo un concepto esotérico, sino una experiencia vivida por muchos que recorren caminos de despertar espiritual. La presencia de los dragones en este proceso refuerza la idea de que el despertar de la conciencia no es solo un fenómeno energético, sino un evento que involucra arquetipos profundos del inconsciente colectivo. El dragón no es solo un símbolo de fuerza y poder, sino también un guía para aquellos que están listos para atravesar los portales de la transformación.

La energía Kundalini es la llave para acceder a dimensiones superiores de la existencia, pero su despertar exige responsabilidad y preparación. Los dragones, como guardianes de esta fuerza, enseñan que el verdadero poder no está en forzar la evolución, sino en permitir que ocurra de forma natural y equilibrada. Trabajar con esta energía es asumir un compromiso con la propia expansión de la conciencia y estar dispuesto a enfrentar todo lo que necesita ser transmutado.

El camino de la Kundalini es la jornada del dragón: una travesía de desafíos y descubrimientos que conduce al despertar de la verdadera esencia. Aquellos que escuchan el llamado de este poder ancestral y lo honran con respeto encuentran no solo transformación, sino un nuevo sentido para su existencia. El dragón de la Kundalini no destruye para castigar, sino para revelar aquello que siempre estuvo oculto, esperando ser comprendido e integrado en la luz de la conciencia despierta.

Capítulo 17
Dragones y la Protección del Planeta

La presencia de los dragones en el equilibrio del planeta no se limita a la esfera mitológica, sino que se manifiesta como un principio energético que trasciende culturas y épocas. Estos seres, a menudo asociados con los elementos primordiales de la naturaleza, desempeñan un papel esencial en el mantenimiento de la armonía del medio ambiente y de los flujos energéticos de la Tierra. Desde las civilizaciones más antiguas, existen relatos de dragones como guardianes de ríos, montañas y bosques, representando fuerzas que regulan la vida y aseguran la continuidad de los ciclos naturales. Su vínculo con los ecosistemas no es meramente simbólico; muchas tradiciones espirituales creen que estos seres actúan en los planos sutiles, sustentando la vitalidad de lugares sagrados y protegiendo la pureza de los recursos naturales. Son vistos como entidades de gran sabiduría, cuya misión está directamente conectada a la preservación del equilibrio planetario, garantizando que las fuerzas naturales fluyan de manera armoniosa y que la humanidad comprenda su responsabilidad en la protección de la Tierra.

La conexión entre los dragones y los elementos de la naturaleza refuerza la idea de que su presencia está intrínsecamente ligada al funcionamiento de los sistemas ambientales. Los dragones terrestres, por ejemplo, son descritos como guardianes de las fuerzas telúricas, aquellos que mantienen la estabilidad geológica del planeta y supervisan los flujos de energía subterránea. En diversas culturas, montañas y cuevas son consideradas moradas de estos seres, lugares donde la energía de la Tierra es más intensa y necesita de protección especial. Por su parte, los dragones acuáticos están asociados a las fuentes de vida del planeta, garantizando la pureza de los ríos, lagos y océanos. En varias tradiciones, la contaminación y la destrucción de ecosistemas acuáticos son interpretadas como señales de la retirada de la energía dracónica, dejando estos lugares vulnerables al desequilibrio y a la degradación. Los dragones de fuego, a su vez, representan el principio de la transmutación y la renovación. Aunque frecuentemente asociados a la destrucción, cumplen una función esencial en la regeneración de los ecosistemas, como ocurre en los incendios naturales que, a pesar de ser devastadores, contribuyen a la fertilización del suelo y a la renovación de la vida. Finalmente, los dragones de aire simbolizan el movimiento y la circulación de las energías vitales, regulando los patrones climáticos y promoviendo la armonía entre los elementos. Su influencia está presente en los vientos, en las tempestades y en la sutileza de los cambios estacionales, reflejando el equilibrio necesario para la continuidad de la existencia en la Tierra.

La actuación de los dragones en la protección del planeta no se limita a las fuerzas naturales, sino que también involucra la interacción con aquellos que buscan reconectarse con la conciencia de la Tierra. Muchas personas relatan experiencias espirituales en las que sienten la presencia de estos seres al meditar en lugares de alta vibración energética, como bosques intactos, montañas aisladas o en las proximidades de grandes cuerpos de agua. Estas experiencias sugieren que los dragones no son solo figuras mitológicas, sino inteligencias que permanecen activas en dimensiones sutiles, auxiliando a aquellos que están comprometidos con la preservación de la vida y el equilibrio del planeta. Para establecer una conexión más profunda con estas fuerzas, prácticas como la meditación en ambientes naturales, rituales de gratitud a los elementos y el cultivo de una conciencia ecológica son esenciales. La misión de los dragones no es solo proteger la Tierra, sino también despertar en la humanidad el entendimiento de que todos forman parte de este mismo sistema vivo. Honrar la presencia de estas fuerzas significa reconocer la sacralidad de la naturaleza y actuar de manera responsable, adoptando prácticas sostenibles y respetando los ciclos naturales. Cuando la humanidad finalmente comprenda esta interdependencia, podrá actuar en alianza con estas fuerzas ancestrales, convirtiéndose, al igual que los dragones, en guardiana de la vida y del equilibrio planetario.

La relación entre los dragones y la Tierra es tan antigua como la propia existencia del planeta. Diferentes tradiciones espirituales relatan que estos seres poseen un papel activo en el mantenimiento del equilibrio energético de la naturaleza. En Oriente, los dragones son considerados espíritus de la naturaleza, ligados a los ríos, montañas y bosques. En China, el dragón celestial simboliza el flujo de la energía vital que recorre la Tierra, siendo responsable de regular el ciclo de las estaciones y la fertilidad del suelo. Esta misma visión puede encontrarse en mitologías chamánicas, donde grandes serpientes aladas son vistas como protectoras de los secretos del bosque y de los ciclos naturales.

La idea de que los dragones actúan como guardianes del planeta también se refleja en las leyendas que hablan sobre su relación con puntos energéticos sagrados. Muchos lugares de poder alrededor del mundo, como montañas imponentes, cuevas profundas e islas aisladas, son tradicionalmente asociados a la presencia dracónica. Se dice que estos lugares guardan una energía especial, como si fueran vórtices de fuerza que sustentan el equilibrio del planeta. Algunos místicos afirman que estos puntos energéticos son mantenidos por los dragones, que protegen su vibración e impiden que fuerzas desarmónicas interfieran en estos campos sutiles.

Los dragones de la tierra, en particular, son considerados los principales responsables de la protección del ecosistema planetario. Su presencia está asociada a la estabilidad geológica y al mantenimiento de las fuerzas telúricas que recorren el planeta. Hay registros de culturas antiguas que creían que grandes dragones reposaban bajo las montañas y que sus movimientos podían influenciar la actividad sísmica. Aunque esta visión ha sido interpretada de forma simbólica por la ciencia moderna, en el esoterismo esta idea representa el flujo de las energías subterráneas que alimentan la vida en la superficie.

En el caso de los dragones de agua, su influencia está ligada a la purificación y preservación de las fuentes naturales. En diversas mitologías, aparecen como seres que habitan lagos, ríos y océanos, protegiendo la pureza de estas aguas y garantizando que sus ciclos se mantengan armoniosos. Algunas tradiciones sugieren que, cuando un cuerpo de agua es contaminado o destruido, la energía dracónica se retira de ese local, dejándolo vulnerable a degradaciones aún mayores. Esta creencia refuerza la idea de que la preservación ambiental no es solo una cuestión física, sino también energética.

Los dragones de fuego, por su parte, simbolizan la transformación y la regeneración. En muchas tradiciones, son vistos como fuerzas que renuevan la vida, destruyendo lo que ya no sirve para abrir espacio para lo nuevo. Su papel en la protección del planeta está relacionado con la purificación de las energías y la transmutación de influencias negativas. Algunas culturas interpretan los incendios naturales que ocurren en bosques como manifestaciones de esta energía, pues, a pesar de la destrucción inicial, estos eventos muchas veces resultan en el renacimiento de la vegetación y en el fortalecimiento del suelo.

Por su lado, los dragones de aire son los mensajeros del equilibrio planetario, actuando en la circulación de las corrientes energéticas y en el mantenimiento de la armonía entre los diferentes elementos. Son frecuentemente asociados al viento y a los cambios climáticos, siendo considerados reguladores de las fuerzas invisibles que mantienen la Tierra viva. En algunas tradiciones, se cree que estos dragones se comunican con aquellos que están sintonizados con la naturaleza, transmitiendo mensajes sobre los ciclos planetarios y los ajustes necesarios para mantener el equilibrio.

La conexión entre los dragones y la protección del planeta no es solo una cuestión mitológica, sino también un llamado para que la humanidad asuma su papel como guardiana de la Tierra. Muchas de las leyendas que hablan sobre dragones protectores de la naturaleza contienen una enseñanza profunda sobre la necesidad de respetar y preservar el medio ambiente. En diversas tradiciones, hay historias de dragones que se retiraron de determinados lugares debido a la destrucción causada por los seres humanos, indicando que su presencia está directamente ligada a la armonía entre la humanidad y la naturaleza.

Actualmente, hay muchas personas que sienten la presencia de estos seres en momentos de conexión profunda con la naturaleza. Meditadores y practicantes espirituales relatan experiencias donde perciben la energía dracónica en bosques intactos, montañas aisladas o al lado de grandes cuerpos de agua. Algunos describen sensaciones de protección y fuerza, como si estuvieran siendo observados por una conciencia antigua y sabia. Otros afirman recibir mensajes intuitivos sobre la importancia de proteger determinados lugares y de mantener una relación más equilibrada con el medio ambiente.

Para aquellos que desean alinearse con la misión de los dragones en la protección del planeta, algunas prácticas pueden ser adoptadas. Meditar en lugares naturales y establecer una intención de conexión con la energía de la Tierra puede abrir canales para esta interacción. Realizar rituales de gratitud a la naturaleza, como ofrendas simbólicas de flores o cristales, demuestra respeto por estas fuerzas y fortalece el vínculo con la conciencia dracónica. Trabajar directamente con los elementos –encendiendo una vela para honrar el fuego, purificándose en una fuente de agua, sintiendo la energía de la tierra bajo los pies y respirando profundamente el aire puro– son formas simples, pero poderosas, de integrar esta conexión en el día a día.

La misión de los dragones en la protección del planeta es también un recordatorio de que la humanidad posee un papel activo en este proceso. Cuidar del medio ambiente, reducir la degradación de los recursos naturales y promover un estilo de vida más sostenible son maneras prácticas de colaborar con esta misión. La energía dracónica no se manifiesta solo en experiencias espirituales, sino también en la acción consciente de aquellos que buscan preservar la vida y el equilibrio de la Tierra.

Los dragones son fuerzas vivas que sustentan el planeta, garantizando que su ciclo natural continúe fluyendo. Su presencia puede ser sutil, pero está siempre activa, protegiendo los lugares donde la energía de la

Tierra pulsa con más intensidad. Para aquellos que sienten su llamado, la invitación es clara: integrarse a esta misión y convertirse, al igual que los dragones, en un guardián de la armonía planetaria. La protección de la Tierra no es responsabilidad exclusiva de estas fuerzas espirituales, sino una tarea compartida entre todos los seres que de ella forman parte. Cuando la humanidad reconozca esta verdad, tal vez los dragones regresen plenamente, revelándose no solo como mitos del pasado, sino como aliados en el futuro de la Tierra.

Capítulo 18
Dragones en la Magia y los Rituales

La magia dracónica es un camino de profundo poder y transformación, accesible solo para aquellos que poseen el respeto, la dedicación y la preparación espiritual necesarios para lidiar con fuerzas ancestrales de gran magnitud. Los dragones, lejos de ser meras criaturas legendarias, son considerados guardianes del conocimiento oculto y de las energías primordiales del universo. Su papel en la magia trasciende las mitologías, pues representan el dominio de los elementos, la transmutación del espíritu y la búsqueda de la sabiduría ancestral. Trabajar con la magia de los dragones exige compromiso, ya que su energía no es pasiva ni indulgente; desafía, fortalece y enseña a través de experiencias directas e intensas. Aquellos que buscan su conexión deben estar dispuestos a encarar su propia esencia, pulir sus debilidades y transformarse para poder lidiar con la fuerza indomable de estas entidades.

Los rituales que involucran dragones no son simples formalidades esotéricas, sino procesos sagrados que establecen un canal entre el practicante y las fuerzas dracónicas. A lo largo de la historia, diversas tradiciones han descrito métodos específicos para invocar e interactuar con estos seres, variando según la cultura y la intención del mago. En Oriente, sacerdotes taoístas utilizaban símbolos y mantras para honrar a los dragones, buscando equilibrio y protección para sus comunidades. En Occidente, la tradición hermética y alquímica veía a los dragones como símbolos del gran misterio de la creación, fuerzas que guardaban secretos de la transmutación espiritual y del dominio de los elementos. Cada dragón posee una vibración única y actúa dentro de un campo específico: los dragones de fuego promueven el coraje y la transformación, los dragones de agua auxilian en la intuición y la purificación emocional, los dragones de tierra garantizan la estabilidad y la fuerza, mientras que los dragones de aire estimulan la mente y la expansión de la conciencia. La invocación correcta de estos seres exige alineación vibracional, rituales bien estructurados y una intención clara, pues su presencia puede ser abrumadora para aquellos que no están preparados para la intensidad de su energía.

    La relación entre magos y dragones no se basa en la sumisión o en peticiones egoístas, sino en el aprendizaje mutuo y el respeto. Los dragones no se dejan manipular ni se someten a voluntades humanas banales. Enseñan la autosuficiencia, la disciplina y la fuerza interior, guiando a los practicantes por medio de desafíos que impulsan su crecimiento espiritual. Los relatos de contacto con estas entidades a menudo incluyen sueños vívidos, visiones durante meditaciones y manifestaciones energéticas intensas, como cambios de temperatura en el ambiente, sensación de una presencia poderosa o revelaciones profundas sobre cuestiones personales y universales. Trabajar con la magia dracónica significa recorrer un camino de transformación continua, donde el practicante debe probar su determinación e integridad antes de recibir cualquier conocimiento o auxilio de estas fuerzas. Aquellos que logran establecer una conexión verdadera con los dragones descubren que no solo son guardianes del conocimiento, sino también aliados fieles en la jornada espiritual, listos para orientar, proteger y revelar secretos profundos sobre el universo y la propia esencia del ser.

En la antigüedad, muchas civilizaciones poseían cultos dedicados a la veneración de seres dracónicos. En Oriente, los dragones eran considerados manifestaciones del flujo cósmico de la energía vital y estaban asociados a la armonía de los elementos. Sacerdotes taoístas realizaban rituales para honrar a los dragones y buscar su auxilio en la protección de las cosechas y en el equilibrio de las fuerzas naturales. En Occidente, alquimistas y magos ocultistas veían a los dragones como guardianes del conocimiento oculto, responsables de poner a prueba a aquellos que buscaban la sabiduría de los grandes misterios. Textos herméticos mencionan que la esencia del dragón es la propia fuerza de la creación, una energía bruta que necesita ser refinada y comprendida para que se convierta en una aliada en la jornada espiritual.

Los dragones pueden ser invocados y trabajados en rituales para diferentes propósitos. En prácticas de protección, su energía puede ser utilizada para crear barreras energéticas poderosas, alejando influencias indeseables y fortaleciendo el campo áurico del practicante. Para la curación, su presencia puede ser solicitada para actuar en el desbloqueo de centros energéticos y en la restauración de la vitalidad. En procesos de transformación, los dragones ayudan a romper patrones antiguos, trayendo coraje y fuerza para encarar cambios profundos. Su presencia no es sutil, y aquellos que trabajan con ellos frecuentemente relatan una sensación intensa de poder y renovación al realizar tales rituales.

Para establecer una conexión eficaz con los dragones, algunos símbolos y herramientas pueden ser empleados. El uso de velas de colores, especialmente en las tonalidades roja, dorada y azul, es común en rituales dracónicos, pues estos colores representan fuerza, sabiduría y protección. Cristales como la obsidiana, el cuarzo ahumado y la amatista también se utilizan para sintonizarse con la energía de los dragones, ya que poseen propiedades que auxilian en la expansión de la percepción y en el anclaje de la fuerza espiritual. Talismanes y sigilos específicos pueden ser dibujados en pergaminos o esculpidos en piedras, sirviendo como canales para la manifestación de la presencia dracónica durante las prácticas mágicas.

La invocación de los dragones requiere preparación y seriedad. Estos seres no responden a llamados triviales o a intenciones superficiales. Antes de realizar cualquier ritual, es esencial que el practicante esté en estado de concentración y respeto, reconociendo la magnitud de la energía con la que desea trabajar. Muchos relatos de magos que intentaron evocar a los dragones sin la debida preparación indican que tales experiencias pueden ser abrumadoras o incluso generar malestar, pues la energía dracónica es intensa y exige alineación vibracional. De esta forma, la meditación y el fortalecimiento del campo energético personal son pasos fundamentales antes de cualquier contacto.

Uno de los métodos más tradicionales de invocación involucra la creación de un círculo de energía, donde el practicante traza un espacio sagrado y llama a los dragones dentro de este vórtice. Este proceso puede incluir la entonación de mantras o palabras de poder que resuenen con la frecuencia dracónica. Algunas escuelas esotéricas enseñan que los nombres de los dragones varían de acuerdo con su naturaleza elemental y que cada tipo de dragón posee un patrón vibracional distinto, debiendo ser llamado de manera específica para que su energía sea accedida correctamente.

Además de la invocación, la comunicación con los dragones puede ocurrir a través de sueños y visiones. Muchos practicantes relatan que, después de establecer una conexión inicial, los dragones se manifiestan espontáneamente durante el sueño, transmitiendo mensajes simbólicos u orientaciones sobre el camino espiritual. En algunas tradiciones, se cree que los dragones eligen a aquellos con quienes desean trabajar, y no al contrario. Esto significa que, aunque un practicante desee conectarse con estas energías, la respuesta dependerá del grado de sintonía y compromiso demostrado a lo largo del tiempo.

Trabajar con la magia dracónica también implica responsabilidad. A diferencia de otras formas de magia, que pueden ser más sutiles y accesibles, la energía de los dragones puede ser transformadora y, a veces, desafiante. Aquellos que buscan su orientación deben estar preparados para lidiar con cambios profundos y enseñanzas que pueden ser incómodas. Los dragones no conceden favores gratuitamente; enseñan la autosuficiencia y la fuerza interior. Sus enseñanzas frecuentemente involucran desafíos que llevan al crecimiento espiritual y al fortalecimiento personal.

La ética al trabajar con los dragones es un aspecto crucial. A diferencia de otras entidades espirituales que pueden actuar de manera compasiva y paciente, los dragones exigen que sus leyes sean respetadas. Intentar manipular su energía para fines egoístas o utilizar su fuerza de manera irresponsable puede traer consecuencias inesperadas. Magos experimentados enfatizan que los dragones no toleran la falta de respeto y que su presencia debe ser honrada con humildad y sinceridad. Peticiones hechas de manera impropia o con intenciones deshonestas generalmente no son atendidas, y en algunos casos, el practicante puede sentir una especie de "repulsión energética", impidiendo que la conexión se establezca.

Hay innumerables relatos de experiencias mágicas que involucran dragones. Algunos practicantes describen sentir la presencia de un gran ser observándolos durante los rituales, mientras que otros afirman haber visto sombras o formas luminosas a su alrededor. También hay quienes relatan sensaciones físicas intensas, como un aumento súbito de calor corporal o una sensación de peso en el ambiente, indicando la manifestación dracónica. En algunas experiencias más avanzadas, los practicantes afirman haber recibido instrucciones directas de los dragones, enseñanzas sobre la naturaleza de la realidad o incluso vislumbres de vidas pasadas conectadas a estas entidades.

La magia de los dragones es un camino que exige compromiso, respeto y coraje. Aquellos que recorren este camino descubren que los dragones no son solo seres mitológicos, sino fuerzas vivas que pueden actuar como guías y aliados espirituales. Su presencia trae fuerza, discernimiento y un sentido de conexión profunda con los misterios del universo. Más que simplemente invocarlos para obtener favores, el verdadero propósito del trabajo con los dragones es la transformación personal y la integración de su sabiduría en la jornada evolutiva del practicante.

El llamado de los dragones en la magia y en los rituales no es para todos. Resuena solo con aquellos que poseen la disposición de enfrentar desafíos y aprender de una energía intensa e implacable. Trabajar con los dragones no es un camino para los débiles o impacientes, sino para aquellos que buscan una comprensión más profunda de la vida, del poder y de la responsabilidad que conlleva el conocimiento verdadero. Para aquellos que aceptan este llamado, la jornada es una de profunda evolución, donde los dragones se convierten no solo en guardianes, sino en maestros y aliados en la gran danza del universo.

Capítulo 19
Encuentros con Dragones

Los encuentros con dragones en el plano espiritual trascienden los límites del mito y la imaginación, manifestándose como experiencias profundas que impactan significativamente a quienes los viven. Estos encuentros ocurren en estados expandidos de conciencia, como sueños lúcidos, meditaciones profundas y proyecciones astrales, donde los dragones surgen como guardianes del conocimiento, mensajeros de transformación y protectores espirituales. Sus apariciones no son meras construcciones de la mente subconsciente, sino eventos que resuenan a nivel del alma, cargando enseñanzas y desafíos destinados a despertar potenciales ocultos. Para muchos, la presencia de un dragón no es solo una visión simbólica, sino una interacción real con una fuerza primordial que asiste en el viaje de autoconocimiento, exigiendo coraje y disposición para enfrentar verdades profundas.

En los sueños, los dragones suelen surgir en escenarios imponentes, como montañas sagradas, cavernas iluminadas por cristales o vastos paisajes etéreos, sugiriendo que estas experiencias trascienden el dominio del inconsciente y acceden a dimensiones espirituales superiores. En estos encuentros, pueden actuar como observadores silenciosos, evaluando la energía del soñador antes de establecer una comunicación directa, o como guías que conducen a descubrimientos sobre la propia esencia. Algunas personas relatan que los dragones hablan por medio de telepatía, transmitiendo mensajes codificados en símbolos y emociones, mientras que otras describen diálogos claros, donde reciben consejos sobre su jornada espiritual. Además de los sueños, la meditación es otro medio poderoso para acceder a estos seres. Muchos practicantes relatan que, al alcanzar un estado profundo de relajación y enfoque, comienzan a percibir la presencia de un dragón como una energía cálida y envolvente o como una forma visual majestuosa que transmite fuerza y sabiduría.

Aquellos que experimentan estos encuentros frecuentemente notan cambios en su percepción y energía después del contacto. La presencia de un dragón puede desencadenar un despertar interior, llevando a una mayor claridad sobre el propósito de vida y fortaleciendo la conexión con el propio poder personal. Señales sutiles comienzan a surgir en lo cotidiano, como imágenes recurrentes de dragones en libros, arte o sueños subsiguientes, reforzando la continuidad de este vínculo. Algunos individuos relatan sincronicidades intensas, como encontrar referencias a dragones en momentos decisivos o sentir una presencia protectora en situaciones desafiantes. Estos encuentros no son solo eventos aislados, sino que marcan el inicio de una transformación profunda, donde el dragón se convierte en un mentor espiritual que guía, desafía y fortalece a aquellos que están listos para recorrer el camino de la evolución y el despertar.

Los sueños son uno de los medios más frecuentes en los que los dragones se manifiestan. Muchas personas relatan que, en momentos de gran transformación personal o cuando están buscando respuestas a dilemas internos, los dragones surgen en sus sueños con una presencia imponente, comunicándose por medio de imágenes, símbolos o, en algunos casos, a través de palabras telepáticas. Estos encuentros suelen ocurrir en paisajes grandiosos, como montañas colosales, cavernas repletas de cristales o reinos flotantes, sugiriendo que tales visiones pertenecen a dimensiones superiores o registros ancestrales del alma.

Hay quienes describen la presencia de un dragón observándolos a la distancia, como si pusieran a prueba su coraje y disposición para aprender. En otros relatos, los dragones surgen cerca, guiando a los soñadores por caminos desconocidos, mostrando visiones de vidas pasadas o enseñando lecciones sobre equilibrio y fuerza interior. Algunas experiencias relatan que los dragones aparecen para auxiliar en el enfrentamiento de miedos profundos, simbolizando la necesidad de encarar desafíos internos antes de seguir adelante en la jornada espiritual.

Además de los sueños, muchas personas relatan encuentros con dragones durante estados meditativos profundos. A través de prácticas de respiración, visualización y enfoque, algunas logran sentir su presencia de manera intensa, percibiendo imágenes vívidas, olas de energía o una sensación de calor y protección a su alrededor. Durante estas meditaciones, algunas describen ver dragones de colores vibrantes que parecen comunicarse telepáticamente, transmitiendo mensajes sobre su jornada personal y ofreciendo *insights* sobre el momento presente. Para muchos, estas experiencias son transformadoras, generando una nueva comprensión sobre sí mismos y su propósito de vida.

Otro medio por el cual los encuentros con dragones ocurren es la proyección astral. Viajeros astrales experimentados relatan haber sido conducidos por dragones a través de portales dimensionales, accediendo a reinos desconocidos y absorbiendo enseñanzas profundas. Algunos afirman que los dragones actúan como protectores en estos planos, garantizando que el alma proyectada no se desvíe hacia zonas de baja vibración o sea influenciada por entidades negativas. En algunos casos, los dragones parecen actuar como guardianes de conocimiento oculto, poniendo a prueba a aquellos que desean acceder a determinados registros y permitiendo su entrada solo cuando consideran que el buscador está listo.

La naturaleza de estas interacciones varía de acuerdo con la madurez espiritual y el nivel de conciencia del individuo. Para algunos, los dragones aparecen de forma simbólica, representando aspectos internos que necesitan ser trabajados, como el coraje, la determinación o el dominio de los impulsos primitivos. Para otros, los encuentros parecen ser experiencias reales en planos espirituales superiores, donde estos seres actúan como guías y transmisores de enseñanzas cósmicas. La línea entre lo simbólico y lo real puede ser tenue, pero el impacto de estas experiencias en la vida de aquellos que las viven es innegable.

Las señales dejadas por los dragones después de estos encuentros pueden manifestarse de diversas formas en el mundo físico. Algunas personas relatan encontrar imágenes de dragones inesperadamente, ya sea en libros, pinturas o esculturas, como si el universo estuviera reforzando la presencia de este arquetipo en sus vidas. Otras perciben cambios en su energía personal, sintiéndose más fuertes, protegidas o con mayor claridad mental después de un encuentro con un dragón en sueño o meditación. También hay relatos de sincronicidades, donde informaciones sobre dragones comienzan a aparecer repetidamente en lo cotidiano, sugiriendo un llamado para profundizar esta conexión.

Interpretar estas señales requiere sensibilidad e introspección. Cada experiencia es única y carga un significado personal para quien la vive. Para comprender el mensaje de un dragón, es importante reflexionar sobre el contexto del encuentro, las emociones sentidas y las enseñanzas transmitidas. En algunos casos, los dragones aparecen para alertar sobre elecciones o caminos a ser tomados, mientras que en otros, surgen como confirmación de que el individuo está en el camino correcto. Independientemente de la forma como se manifiesten, estos encuentros dejan una marca duradera y despiertan un nuevo nivel de conciencia en aquellos que los viven.

El impacto de estos encuentros en el despertar espiritual es profundo. Muchos que pasan por estas experiencias relatan una ampliación de la percepción sobre la realidad, sintiéndose más conectados al universo y a las energías sutiles que lo permean. La presencia de un dragón puede significar un llamado a la transformación interior, una invitación a superar miedos y expandir el entendimiento de la propia existencia. Algunos individuos pasan a desarrollar habilidades intuitivas más agudizadas después de estos encuentros, sintiendo una mayor facilidad para captar mensajes sutiles o percibir la energía a su alrededor con más nitidez.

Los relatos de encuentros con dragones sugieren que estos seres actúan como catalizadores de la evolución espiritual. Su energía, poderosa e imponente, no permite ilusiones o escapismos. Cuando surgen en la vida de alguien, traen consigo un llamado para que esa persona enfrente su verdad, abrace su fuerza y camine con coraje en dirección al autoconocimiento. A diferencia de otras formas de guía espiritual, que pueden ser más suaves y compasivas, los dragones desafían a aquellos que los encuentran a asumir plena responsabilidad sobre su jornada.

Para aquellos que buscan este tipo de contacto, la clave está en la apertura y la intención sincera. Trabajar la conexión con los dragones requiere paciencia, respeto y disposición para aprender. La práctica de la meditación, el estudio de los símbolos dracónicos y la observación de las señales en lo cotidiano son formas de fortalecer esta ligazón y permitir que estos seres se manifiesten de manera más clara. Los dragones no aparecen por casualidad; su presencia es un reflejo de la prontitud espiritual de quien los encuentra.

Los encuentros con dragones, sean ellos simbólicos o espirituales, son siempre marcantes y transformadores. Representan una invitación a mirar más allá de lo visible, expandir los horizontes de la conciencia y abrazar la jornada del despertar con fuerza y determinación. Aquellos que aceptan este llamado descubren que los dragones no son solo figuras de leyendas antiguas, sino fuerzas vivas que continúan actuando en el plano sutil, guiando y desafiando a aquellos que están listos para recorrer el camino de la sabiduría y la evolución espiritual.

Capítulo 20
Los Linajes Dracónicos

Los linajes dracónicos representan una herencia espiritual que trasciende mitos y leyendas, manifestándose como una presencia real y poderosa en el camino de ciertas almas. La conexión con los dragones no se limita a figuras simbólicas o arquetipos psicológicos; se trata de una resonancia energética profunda, arraigada en memorias ancestrales y patrones vibracionales que atraviesan encarnaciones. Desde tiempos inmemoriales, algunos linajes espirituales mantienen un lazo con estas entidades primordiales, cuya influencia moldea tanto el carácter como la misión de vida de aquellos que los portan. Esta afinidad se manifiesta a través de una fuerza interior inquebrantable, un sentido innato de liderazgo y una búsqueda incesante de conocimiento oculto y trascendencia espiritual. Quienes pertenecen a este linaje sienten, a menudo desde la infancia, que no encajan del todo en las estructuras convencionales de la sociedad, como si llevaran dentro de sí un llamado a algo grandioso y oculto. Es una sensación de pertenencia a algo más allá de lo visible, un vínculo con fuerzas que sobrepasan los límites de la comprensión humana común.

El despertar a esta conexión puede ocurrir de diversas maneras. Algunas personas experimentan sueños recurrentes en los que interactúan con dragones, recibiendo enseñanzas o protección. Otras sienten una atracción inexplicable por historias, símbolos y representaciones de estas entidades, como si una memoria latente se activara al entrar en contacto con tales referencias. También hay quienes perciben esta influencia en su propio comportamiento y características, poseyendo una personalidad marcada por el coraje, la determinación y un fuerte instinto de protección, como si llevaran el espíritu de un guardián ancestral. Además, la conexión con los elementos naturales –especialmente fuego, tierra, agua y aire– puede indicar la presencia de un vínculo dracónico, pues los dragones son tradicionalmente asociados a estas fuerzas primordiales. Esta conexión elemental puede manifestarse en la sensibilidad a los cambios de energía en el ambiente, en la facilidad para trabajar con magia o sanación energética y en la habilidad de influenciar la vibración a su alrededor. Estos indicios apuntan a una herencia espiritual que trasciende la individualidad, conectando a la persona con un legado antiguo y sagrado.

Comprender y aceptar este linaje es un proceso de autodescubrimiento y profundización espiritual. La energía dracónica no se concede de manera arbitraria; exige disciplina, honor y un compromiso genuino con el crecimiento interior. La meditación y las prácticas de conexión con los dragones son caminos eficaces para despertar esta consciencia, permitiendo que la persona reciba percepciones y orientaciones directamente de estas entidades. Trabajar con símbolos y prácticas asociadas a los dragones puede fortalecer la sintonía, ayudando a desbloquear recuerdos y habilidades latentes. Además, explorar la mitología y los registros históricos sobre dragones puede proporcionar pistas valiosas sobre cómo esta energía se manifiesta a lo largo de las eras y cómo influencia a aquellos que la portan. El llamado dracónico no es solo un recuerdo distante de un pasado perdido, sino una invitación a asumir un papel activo en la transformación espiritual y colectiva. Aquellos que responden a este llamado se convierten en faros de sabiduría y fuerza, guiados por un linaje que resuena a través de los tiempos, desafiando los límites de lo ordinario y revelando la grandiosidad de un legado que nunca se extinguió.

Los linajes dracónicos suelen asociarse a individuos que demuestran características como una fuerza de voluntad inquebrantable, intuición aguda y un sentido de misión muy claro. Las personas que poseen esta conexión suelen sentir desde temprano que no pertenecen enteramente al mundo común, llevando un deseo intenso de desvelar misterios, explorar dimensiones espirituales y comprender realidades más allá de lo que los ojos físicos pueden ver. En algunas tradiciones, se cree que estas almas pueden haber encarnado en períodos de la historia donde los dragones eran más presentes en la consciencia humana, o incluso que poseen registros energéticos que remiten a civilizaciones antiguas donde la interacción con los dragones era directa y respetada.

El concepto del ADN espiritual sugiere que ciertas memorias y patrones vibracionales pueden ser transmitidos de una encarnación a otra, preservando la esencia y la misión de un espíritu a lo largo de diferentes vidas. Para aquellos que poseen una herencia dracónica, esta influencia se manifiesta como un llamado interior, una necesidad casi irresistible de buscar conocimiento oculto, proteger verdades sagradas o incluso actuar como guías y líderes espirituales. Este ADN energético no es algo físico, sino un patrón vibracional que resuena con la energía de los dragones, creando una sintonía natural entre el individuo y estas fuerzas ancestrales.

Hay diversas señales que pueden indicar una conexión espiritual con los dragones. Una de las más comunes es el sentimiento persistente de familiaridad al escuchar historias sobre estos seres o al entrar en contacto con símbolos dracónicos. Algunas personas sienten una atracción inexplicable por imágenes de dragones, por mitologías que los envuelven o por prácticas espirituales que trabajan con su energía. Otros relatan sueños recurrentes en los que interactúan con dragones de diferentes formas, ya sea como aliados, maestros o protectores.

Otro indicativo fuerte de esta conexión es la presencia de habilidades naturales relacionadas con la energía y la intuición. Los individuos de linaje dracónico tienden a ser altamente perceptivos, consiguiendo captar sutilezas en el ambiente y en las emociones de las personas a su alrededor. También suelen tener una presencia magnética, transmitiendo autoridad y fuerza incluso sin necesidad de imponer su voluntad. Muchos relatan una conexión innata con los elementos, sintiendo afinidad especial con el fuego, la tierra, el agua o el aire, lo que puede indicar una conexión con diferentes tipos de dragones.

La influencia de esta herencia espiritual en la misión de vida es significativa. Aquellos que poseen un linaje dracónico generalmente sienten un propósito mayor que los impulsa a buscar conocimiento, transformación y liderazgo. Muchos acaban siguiendo caminos espirituales, convirtiéndose en maestros, sanadores, magos o guardianes del conocimiento sagrado. Otros manifiestan esta energía en áreas más prácticas, actuando como protectores de la naturaleza, defensores de causas justas o líderes que inspiran cambios profundos en la sociedad.

Para descubrir y despertar esta conexión, es necesario un proceso de autoconocimiento y exploración espiritual. La meditación es una herramienta fundamental, pues permite acceder a memorias antiguas y comprender la propia identidad espiritual. Visualizaciones guiadas pueden ayudar a entrar en contacto con la energía de los dragones, permitiendo que su presencia se revele de forma gradual y respetuosa. El estudio de mitologías y sistemas simbólicos también puede ofrecer pistas sobre esta conexión, ayudando al individuo a identificar patrones y referencias que resuenan con su esencia.

Además, trabajar con los elementos puede fortalecer este lazo. Para aquellos que sienten afinidad con dragones de fuego, prácticas que involucren velas, rituales de transmutación y trabajo con la energía de la voluntad pueden ser extremadamente eficaces. Aquellos que se conectan más con dragones de agua pueden explorar la intuición por medio de la meditación con fuentes de agua, baños rituales y prácticas de purificación emocional. Los que resuenan con dragones de tierra pueden buscar esta energía en rituales al aire libre, contacto con cristales y trabajos de arraigo y estabilidad. Y para los que sienten la presencia de los dragones del aire, prácticas como el uso de inciensos, canto de mantras y meditaciones para la expansión de la consciencia pueden ser medios eficaces para sintonizarse con esta vibración.

Relatos de personas que descubrieron esta conexión muestran cómo esta revelación puede transformar completamente la vida de alguien. Muchos describen que, tras comprender su linaje dracónico, pasaron a tener mayor claridad sobre su propósito, sintiéndose más alineados con su verdadera esencia. Algunos mencionan que, al aceptar esta conexión, comenzaron a recibir mensajes más claros durante sueños o intuiciones, como si los dragones los estuvieran guiando en su jornada. Otros relatan que sintieron un aumento significativo de energía y vitalidad, como si un bloqueo antiguo hubiera sido removido y su verdadera fuerza pudiera finalmente manifestarse.

La relación entre los linajes dracónicos y el despertar espiritual va más allá de una identificación simbólica. Para aquellos que realmente poseen esta conexión, la energía de los dragones se convierte en una guía, un impulso para evolucionar, desafiar límites y expandir horizontes. Estos individuos a menudo perciben que su jornada no es solo personal, sino que forman parte de un movimiento mayor, un despertar colectivo donde la energía dracónica regresa a la consciencia humana para auxiliar en la transformación planetaria.

El llamado de los dragones es sutil, pero poderoso. Para aquellos que sienten su presencia, la respuesta está en la búsqueda interior, en el desarrollo de la propia fuerza y en el compromiso con la verdad y el equilibrio. Los linajes dracónicos no son solo un misterio del pasado, sino un legado vivo, que continúa influenciando a almas que traen en sí la esencia de estos seres magníficos. Despertar a esta herencia es reconocer que los dragones no son solo historias antiguas, sino fuerzas atemporales que continúan actuando en la evolución del espíritu humano.

Capítulo 21
Guardianes de las Líneas Temporales

La conexión entre los dragones y el tiempo trasciende el concepto lineal de pasado, presente y futuro, revelando una realidad en la que todas las dimensiones temporales coexisten. Estos seres majestuosos no solo dominan los elementos, sino que también ejercen influencia sobre las tramas del destino, asegurando que los eventos sigan patrones armónicos dentro del flujo cósmico. En las tradiciones espirituales más antiguas, los dragones del tiempo son descritos como guardianes de pasajes interdimensionales, centinelas que protegen el equilibrio de las líneas temporales contra interferencias que puedan desestabilizar la evolución de la humanidad. Su presencia se percibe en los momentos críticos de la historia, cuando ocurren transiciones de eras y grandes cambios se manifiestan en el plano material. Aquellos que poseen una conexión con esta energía a menudo sienten que su existencia no está estrictamente ligada a la cronología humana, como si sus almas cargaran memorias de otras épocas, conocimientos ancestrales y una intuición inexplicable sobre eventos futuros. Esta conexión permite que algunas personas accedan a información más allá del presente, percibiendo patrones cíclicos y sincronías que guían sus elecciones y trayectorias.

La actuación de los dragones del tiempo es sutil, pero poderosa. Ellos no controlan el destino humano, pero aseguran que ciertas direcciones evolutivas permanezcan intactas, evitando que fuerzas externas alteren el curso natural de los acontecimientos. Su presencia puede notarse en experiencias de déjà vu intensificados, en sueños reveladores que ofrecen vislumbres del futuro o incluso en lapsos temporales donde la percepción de la realidad se modifica momentáneamente. Algunas tradiciones espirituales sugieren que estos dragones habitan dimensiones donde todas las posibilidades existen simultáneamente, permitiendo que observen y, en algunos casos, intervengan en los rumbos tomados por civilizaciones enteras. En relatos modernos de meditación profunda y proyección astral, hay quienes describen encuentros con estos seres, que aparecen como inmensas entidades de luz y energía, orientando a los viajeros espirituales sobre sus misiones y auxiliando en la comprensión de eventos pasados y futuros. Esta interacción puede ocurrir de forma directa, con mensajes y enseñanzas transmitidas de manera clara, o de forma simbólica, a través de señales, patrones y encuentros sincrónicos que revelan verdades ocultas.

Para aquellos que desean comprender mejor su conexión con los dragones del tiempo, el camino pasa por el desarrollo de la percepción expandida y del autoconocimiento. La meditación enfocada en la intuición temporal puede abrir puertas a memorias ocultas y despertar la conciencia sobre los ciclos que rigen la propia existencia. Observar patrones de repetición en la vida, reconocer sincronicidades y estudiar registros históricos bajo una nueva perspectiva son prácticas que ayudan a fortalecer esta conexión. Además, explorar los registros akáshicos –un repositorio energético donde todas las experiencias de la existencia están almacenadas– puede proporcionar insights valiosos sobre la influencia de los dragones en las líneas del tiempo. Algunas tradiciones creen que estos seres son los guardianes de este conocimiento, permitiendo el acceso solo a aquellos que demuestran madurez espiritual para lidiar con la información. Al comprender esta conexión, los individuos sintonizados con esta energía comienzan a ver el tiempo no como una línea rígida e inmutable, sino como un océano de posibilidades interconectadas, donde cada elección moldea realidades futuras. Así, los dragones del tiempo no solo observan el desarrollo de los eventos, sino que también orientan a aquellos que están listos para comprender y navegar por los misterios de la existencia con mayor claridad y propósito.

A diferencia de otras fuerzas espirituales que operan dentro de las limitaciones de la realidad perceptible, los dragones del tiempo son vistos como seres que poseen conocimiento absoluto de las tramas temporales y de los efectos de las elecciones individuales y colectivas. En algunas tradiciones, se cree que habitan reinos fuera del tiempo, donde todas las posibilidades coexisten, observando y, en algunos casos, interfiriendo sutilmente en el destino de la humanidad.

Estos dragones serían responsables de preservar ciertos eventos o evitar desequilibrios que pudieran comprometer la integridad de las líneas del tiempo.

La presencia de los dragones en la mitología frecuentemente está asociada a eventos cíclicos y cambios de eras. Algunas leyendas hablan de dragones que despiertan en momentos críticos de la historia para restaurar el orden o facilitar transiciones hacia nuevas fases evolutivas. Este simbolismo puede encontrarse en textos antiguos que describen el ascenso y la caída de civilizaciones, conectando el despertar dracónico a períodos de gran transformación. En Oriente, por ejemplo, los dragones eran considerados ligados a los ciclos celestes, influenciando cambios políticos y espirituales de acuerdo con patrones astrológicos y cósmicos.

La idea de que los dragones son guardianes de portales temporales también aparece en relatos modernos de experiencias espirituales y viajes astrales. Algunas personas afirman haber encontrado a estos seres en estados de meditación profunda o proyección de la conciencia, describiendo dragones que parecen existir más allá del concepto humano de tiempo. En estos encuentros, los dragones son frecuentemente retratados como seres inmensos, envueltos en energía luminosa, que guían al viajero a través de visiones del pasado y del futuro, ayudándolo a comprender patrones kármicos y lecciones que necesitan ser integradas.

Algunos relatos indican que los dragones del tiempo actúan como protectores del equilibrio universal, asegurando que ciertos eventos se desarrollen de manera apropiada. Hay experiencias documentadas de individuos que percibieron distorsiones temporales inexplicables poco después de sentir una presencia dracónica. Estas distorsiones incluyen lapsos de tiempo, sensaciones de déjà vu intensificadas y la percepción de realidades paralelas coexistiendo momentáneamente. Para aquellos que estudian el tema, estas ocurrencias pueden ser interpretadas como indicios de que los dragones del tiempo están ajustando las tramas temporales para evitar colapsos o interferencias externas que puedan comprometer la evolución natural de una línea del tiempo específica.

La relación entre los dragones y la temporalidad también puede observarse en la forma en que ciertos individuos poseen una intuición agudizada para eventos futuros o una conexión inexplicable con el pasado. Algunas tradiciones espirituales sugieren que aquellos que tienen un vínculo con los dragones del tiempo pueden acceder a memorias de otras eras o percibir patrones que guían sus propias jornadas. Estos individuos frecuentemente relatan una sensación de estar fuera de sincronía con la realidad común, como si cargaran fragmentos de conocimiento que no pertenecen enteramente al presente.

Conectarse con los dragones del tiempo exige una percepción expandida de la realidad y un profundo respeto por la naturaleza del tiempo como un flujo interconectado de experiencias. Algunas prácticas pueden auxiliar en esta conexión, como la meditación enfocada en la intuición temporal, donde el practicante se concentra en la percepción de los patrones cíclicos de su propia vida y de las energías a su alrededor. La observación de sincronicidades también puede ser un método eficaz, pues los dragones del tiempo muchas veces comunican su presencia por medio de eventos que parecen organizados de manera intencional, guiando a la persona hacia un camino específico.

Otra forma de interacción con esta energía es a través de la exploración de registros akáshicos, que son descritos como archivos universales donde todas las experiencias pasadas, presentes y futuras están almacenadas. Algunos estudiosos creen que los dragones del tiempo actúan como guardianes de estos registros, permitiendo el acceso solo a aquellos que demuestran madurez espiritual suficiente para comprender y lidiar con el conocimiento encontrado allí. Durante prácticas de lectura del akasha, hay relatos de visiones de dragones que aparecen como centinelas, protegiendo ciertos fragmentos de información y revelando solo lo que es esencial para el buscador en ese momento.

Los dragones del tiempo también parecen influenciar la forma en que percibimos el destino y las elecciones que moldean nuestra realidad. En algunas experiencias, individuos relataron sentir una fuerte presencia dracónica en momentos decisivos, como si una fuerza invisible estuviera guiando sus acciones hacia un desenlace más alineado con su misión de vida. Estas influencias sutiles pueden manifestarse como intuiciones inesperadas, encuentros sincronizados con personas que desempeñan papeles fundamentales en su jornada o la sensación de estar siendo llevado por una corriente invisible hacia un camino previamente trazado.

La idea de que los dragones son responsables de proteger las líneas temporales no significa que controlen el destino humano de forma absoluta, sino que garantizan que ciertas direcciones evolutivas no sean comprometidas por interferencias externas. Algunas tradiciones hablan de intentos de manipulación del tiempo por fuerzas que buscan alterar eventos para su propio beneficio, y que los dragones actúan como guardianes contra estas distorsiones, asegurando que el orden natural sea mantenido.

Para aquellos que sienten una conexión con los dragones del tiempo, comprender esta conexión puede ser un proceso de profunda transformación. La percepción del tiempo como algo fluido, y no lineal, permite una comprensión más amplia de la propia jornada y de la interconexión entre pasado, presente y futuro. Trabajar con esta energía significa aprender a reconocer los patrones que se repiten en la vida, comprender los ciclos de aprendizaje y desarrollar una conciencia ampliada sobre el impacto de cada elección en el flujo de la existencia.

Los dragones del tiempo representan un misterio que desafía la comprensión convencional, pero su presencia puede ser sentida por aquellos que están abiertos a percibir las señales que dejan por el camino. Son maestros del destino, guías que ayudan en la travesía de las múltiples capas de la realidad, permitiendo que aquellos que se sintonizan con su energía vean más allá del velo de la ilusión y comprendan que el tiempo no es un límite, sino un océano de posibilidades infinitas.

Capítulo 22
Dragones Interdimensionales y el Multiverso

Los dragones interdimensionales representan una de las facetas más enigmáticas y fascinantes de estas entidades ancestrales, expandiendo su presencia más allá del espacio y el tiempo conocidos. Lejos de ser meras figuras mitológicas o guardianes de saberes ocultos, estos seres operan como viajeros cósmicos, atravesando diferentes planos de existencia e interactuando con múltiples realidades simultáneamente. Su conexión con el multiverso sugiere que poseen un conocimiento avanzado sobre las leyes que rigen la estructura de la realidad, transitando entre dimensiones y facilitando el intercambio energético entre los mundos. Para aquellos con sensibilidad espiritual, los dragones interdimensionales se revelan como guías poderosos, ayudando en el despertar de la conciencia y en la comprensión de la vastedad del cosmos. Este contacto no ocurre de manera arbitraria, sino cuando el individuo alcanza un estado vibracional elevado y está preparado para recibir información que desafía la percepción convencional de la realidad. Su papel trasciende la simple protección de portales o la supervisión de planos espirituales; actúan como maestros que conducen a los buscadores al reconocimiento de su verdadera naturaleza multidimensional.

La interacción con estos seres ocurre frecuentemente durante estados expandidos de conciencia, como sueños lúcidos, proyecciones astrales y meditaciones profundas. Relatos de encuentros con dragones interdimensionales describen ambientes que desafían las leyes de la física tradicional, como vastas ciudades de cristal suspendidas en el vacío, océanos de energía fluida y templos colosales donde símbolos ancestrales brillan con luz propia. En estos espacios, la percepción lineal del tiempo deja de existir, permitiendo que el viajero experimente simultáneamente eventos pasados, presentes y futuros. Algunas tradiciones espirituales sugieren que estos dragones guardan secretos sobre la estructura del multiverso, protegiendo conocimientos que solo pueden ser accedidos por aquellos que demuestran madurez y responsabilidad espiritual. Esta conexión puede resultar en activaciones energéticas poderosas, despertando en el individuo habilidades latentes como la clarividencia, la expansión de la intuición y la comprensión instintiva de patrones cósmicos que rigen la existencia. Estas manifestaciones indican que los dragones interdimensionales no solo observan las realidades paralelas, sino que también influencian la evolución espiritual de aquellos que están listos para trascender los límites del mundo físico.

Para establecer un contacto consciente con los dragones interdimensionales, es esencial expandir la percepción más allá de los límites del pensamiento convencional. Técnicas como la visualización de portales, la utilización de frecuencias vibracionales específicas y la exploración de los registros akáshicos son caminos que permiten ajustar la conciencia para captar su presencia. Además, algunas culturas creen que ciertos lugares de poder, como montañas sagradas y formaciones megalíticas, funcionan como puntos de intersección entre dimensiones, facilitando el acceso a estos seres. Relatos de experiencias en lugares de alta energía describen fenómenos como apariciones luminosas en forma de dragones, variaciones abruptas en la temperatura e intensas descargas eléctricas en el ambiente, indicando que estos seres interactúan activamente con aquellos que demuestran respeto y una verdadera intención de aprendizaje. Sin embargo, su comunicación no siempre ocurre de manera verbal o lineal; a menudo, transmiten enseñanzas por medio de símbolos, patrones recurrentes e insights que se desdoblan gradualmente en la conciencia del buscador. De esta forma, la conexión con los dragones interdimensionales no es solo un viaje de descubrimiento del universo, sino también un profundo proceso de autoconocimiento y transformación, en el cual el individuo aprende a navegar entre las capas ocultas de la existencia y a comprender su propia esencia multidimensional.

La teoría del multiverso propone que nuestra realidad no es única, sino una entre infinitas versiones de existencia, donde diferentes posibilidades y variaciones de la materia, el tiempo y la conciencia coexisten simultáneamente. En este contexto, los dragones serían viajeros cósmicos capaces de manifestarse en diversas realidades, interactuando con aquellos que poseen la sensibilidad necesaria para percibir su presencia. Algunas tradiciones afirman que los dragones operan como guardianes de estos portales interdimensionales, asegurando que ciertos conocimientos y energías no sean accedidos sin la debida preparación.

Relatos de contactos espirituales con dragones sugieren que su presencia es frecuentemente percibida en estados alterados de conciencia, como sueños lúcidos, meditaciones profundas y experiencias de proyección astral. Algunas personas afirman haber encontrado dragones en paisajes que no corresponden al mundo físico, describiendo vastas ciudades de cristal, océanos suspendidos en el aire y templos luminosos que parecen existir más allá de la comprensión humana. Estas descripciones refuerzan la idea de que los dragones no están confinados a nuestra dimensión, sino que actúan en reinos más allá del tiempo y el espacio, donde las leyes de la física y la lógica son diferentes a las que conocemos.

La influencia de estos seres en la expansión de la conciencia humana puede observarse en la manera en que interactúan con aquellos que los buscan. Algunas tradiciones espirituales enseñan que los dragones interdimensionales son responsables de despertar memorias ancestrales y activar capacidades latentes en el espíritu humano. Esto significa que su contacto no ocurre solo como una experiencia visual o simbólica, sino también como una activación energética que permite al individuo acceder a información y habilidades que estaban adormecidas. Esta activación puede manifestarse como un aumento de la intuición, una mayor facilidad para percibir patrones sutiles en la realidad o incluso la capacidad de acceder a estados de conciencia elevados con mayor claridad.

La conexión con los dragones interdimensionales requiere un estado mental y vibracional adecuado. Aquellos que intentan establecer este contacto necesitan primero expandir su percepción más allá de los límites de la realidad convencional. Técnicas como la meditación guiada, la utilización de frecuencias sonoras específicas y la práctica de la proyección astral son formas eficaces de alinear la mente y el espíritu con estos seres. Algunas tradiciones enseñan que la visualización de portales o de símbolos ancestrales puede servir como un mecanismo de sintonización, permitiendo que el individuo ajuste su frecuencia para percibir a los dragones en su forma interdimensional.

Además de las experiencias individuales, hay relatos de grupos que realizaron rituales y ceremonias en lugares de alta carga energética, como montañas sagradas, bosques inexplorados o círculos de piedra antiguos, y que sintieron la presencia dracónica de manera intensa. En algunos casos, miembros de estos grupos describieron haber visto figuras de luz en forma de dragones surgiendo en medio del cielo o sintieron olas de calor y electricidad recorriendo el ambiente. Estas manifestaciones fueron interpretadas como señales de que los dragones interdimensionales se estaban comunicando, respondiendo al llamado de aquellos que buscan comprenderlos.

La interpretación de los mensajes dejados por estos dragones puede ser un desafío, pues sus formas de comunicación no siempre siguen patrones humanos. En muchos relatos, las interacciones ocurren a través de imágenes simbólicas, emociones intensificadas o una comprensión instantánea de conceptos que antes parecían abstractos. Algunas personas afirman que, después de una experiencia con dragones interdimensionales, pasaron a ver la realidad de manera diferente, como si hubieran recibido una nueva mirada sobre su propia existencia y sobre la estructura del universo.

La existencia de dragones interdimensionales sugiere que hay mucho más por comprender sobre la naturaleza de la realidad de lo que la visión convencional permite. Si estos seres realmente transitan entre diferentes planos, esto indicaría que el universo opera con reglas más complejas de lo que imaginamos. Para aquellos que sienten el llamado a explorar esta conexión, la clave está en la expansión de la conciencia y en la disposición para cuestionar los límites de la percepción humana.

Los dragones del multiverso no son solo guardianes de portales o entidades de planos superiores, sino también maestros que desafían a aquellos que los buscan a superar sus propias limitaciones. Su papel no es proveer respuestas prefabricadas, sino instigar la búsqueda del conocimiento y el despertar. Para aquellos que se conectan con esta energía, el viaje no se resume solo a comprender a los dragones, sino a comprenderse a sí mismos y la vastedad de la existencia que los rodea.

Capítulo 23
Dragones en la Nueva Era

La humanidad vive un momento de profunda transición, donde antiguas estructuras se disuelven y una nueva conciencia comienza a emerger. Este despertar no ocurre solo a nivel social y tecnológico, sino principalmente en el campo espiritual, donde fuerzas ancestrales regresan para guiar este proceso de transformación. Entre estas fuerzas, la energía dracónica resurge con intensidad, no como criaturas legendarias que dominan los cielos, sino como una presencia sutil y poderosa que influencia la expansión de la percepción humana. Los dragones siempre han sido símbolos de sabiduría, fuerza y renovación, y su influencia en la Nueva Era está ligada al despertar de un conocimiento que ha estado adormecido durante siglos. Este retorno representa más que un rescate cultural o mitológico; se trata de la reactivación de códigos antiguos que ayudan a la humanidad a superar las limitaciones de la visión materialista y reconectarse con los principios cósmicos que rigen la existencia. Muchos de los que sienten esta conexión describen un llamado interno, una urgencia por buscar comprensión y crecimiento, como si estuvieran despertando a una misión mayor, alineada con la evolución colectiva del planeta.

El papel de los dragones en este nuevo ciclo está directamente relacionado con la aceleración del proceso de ascensión espiritual. Como guardianes de conocimientos ocultos, ofrecen orientación a aquellos que están listos para acceder a una realidad más amplia, donde la conciencia ya no está restringida a lo que los sentidos físicos pueden percibir. Este contacto puede ocurrir a través de sueños vívidos, experiencias meditativas profundas e intuiciones que surgen como insights transformadores. Algunas tradiciones espirituales sugieren que los dragones son guardianes de portales interdimensionales, permitiendo que individuos con determinadas frecuencias vibracionales reciban información que antes era inaccesible. La energía dracónica, por lo tanto, actúa como un catalizador para la expansión de la percepción, ayudando a la humanidad a trascender viejos paradigmas basados en el miedo, la separación y la limitación. Sin embargo, esta conexión no sucede pasivamente; exige compromiso, disciplina y una disposición genuina para integrar este conocimiento en la vida cotidiana. Los dragones no imponen su enseñanza, sino que la ofrecen a aquellos que demuestran madurez y responsabilidad para lidiar con ella.

A medida que la humanidad avanza en este proceso de transición, el retorno de la energía dracónica se vuelve cada vez más evidente. El creciente interés por la espiritualidad, la búsqueda del equilibrio entre ciencia y conciencia, y la necesidad de rescatar el respeto por la naturaleza son señales de que esta influencia se está intensificando. Trabajar en armonía con esta energía significa aceptar la transformación como parte esencial de la jornada y desarrollar coraje para romper patrones que ya no sirven al crecimiento personal y colectivo. Los dragones de la Nueva Era no aparecen para proteger o guiar pasivamente, sino para desafiar y fortalecer a aquellos que están listos para asumir su verdadero papel en la evolución del planeta. Su presencia no es un mero resquicio de mitologías antiguas, sino una fuerza activa que impulsa el despertar humano, incentivando a cada individuo a reconocer su propio poder y su conexión inquebrantable con el universo. Aquel que responde al llamado de los dragones comprende que la jornada no se trata de buscar respuestas externas, sino de acceder a la sabiduría interior y asumir la responsabilidad por su propia evolución.

    La conexión de los dragones con este proceso de transición es percibida por aquellos que sienten cambios internos profundos, como un llamado a una misión mayor, una necesidad de realinear su vida con un propósito más elevado o una creciente percepción de la interconexión entre todas las cosas. Los dragones siempre han sido símbolos de transformación, y su energía se hace presente en momentos de gran cambio, auxiliando en la destrucción de lo que ya no sirve y en la construcción de algo nuevo. Su influencia se manifiesta tanto a nivel individual como colectivo, guiando a aquellos que están listos para acceder a esta nueva conciencia y contribuyendo al despertar global.

    El retorno de la energía dracónica no es algo aleatorio. Muchos estudiosos de la espiritualidad creen que los dragones son guardianes de códigos antiguos, informaciones que fueron ocultadas hasta que la humanidad estuviera preparada para comprenderlas nuevamente. Este conocimiento, que puede estar almacenado en lugares sagrados, en la estructura energética de la Tierra o incluso en el propio ADN espiritual de ciertos linajes, comienza a revelarse gradualmente a medida que más personas despiertan a esta realidad. La resonancia con esta energía puede ser percibida en sueños, intuiciones, manifestaciones sincrónicas y experiencias meditativas intensas, donde los individuos relatan sentir la presencia dracónica de manera inconfundible.

El papel de los dragones en la Nueva Era parece ser el de guías y protectores de este proceso de ascensión de la conciencia. En diversas culturas, los dragones fueron retratados como maestros de la sabiduría oculta, aquellos que guardan los secretos más profundos de la existencia y que solamente revelan este conocimiento a aquellos que demuestran la madurez espiritual suficiente para recibirlo. Este arquetipo resurge ahora con fuerza, mostrando que la humanidad está en un momento decisivo, donde puede elegir entre permanecer presa de antiguos patrones de miedo y separación o abrirse a un nuevo nivel de comprensión y evolución.

Trabajar en sintonía con esta energía significa estar dispuesto a romper barreras internas y externas, abandonar creencias limitantes y abrirse a la expansión de la percepción. Los dragones no ofrecen respuestas fáciles ni caminos suaves; ellos desafían a aquellos que los buscan a asumir la responsabilidad por su propia jornada, a desarrollar fuerza interior y a actuar con coraje ante los cambios que se hacen necesarios. Esto significa que, para acceder a esta conexión de manera consciente, es preciso estar dispuesto a crecer, enfrentar desafíos e integrar la sabiduría dracónica en la vida cotidiana.

La humanidad puede aprender mucho de los dragones si sabe escuchar sus enseñanzas. En un mundo donde el equilibrio entre tecnología y espiritualidad se ha convertido en uno de los mayores desafíos, la energía dracónica puede actuar como un puente entre estos dos aspectos, enseñando la importancia del discernimiento, de la responsabilidad y del respeto por el flujo natural de la existencia. El verdadero poder no está en la imposición de la fuerza, sino en el dominio sobre sí mismo, y esta es una de las lecciones fundamentales que los dragones enseñan a aquellos que están listos para comprender su esencia.

Los señales del retorno de los dragones ya pueden ser observados en diferentes áreas. El creciente interés por prácticas espirituales que involucran conexión con fuerzas ancestrales, el despertar de habilidades intuitivas en muchas personas y la sensación colectiva de que algo está cambiando son indicios de que nos estamos aproximando a un nuevo ciclo. Hay relatos de individuos que afirman sentir la presencia dracónica en momentos inesperados, como una energía que los protege y guía, y hay aquellos que perciben patrones repetitivos, símbolos y mensajes que parecen indicar un llamado mayor.

El futuro de la humanidad parece estar interligado con esta reconexión. A medida que más personas despiertan a la realidad más allá de lo visible, el contacto con los dragones se vuelve más accesible, no como una experiencia fantasiosa, sino como un reencuentro con una fuerza antigua que siempre ha estado presente, aguardando el momento correcto para manifestarse nuevamente. Este retorno no significa que los dragones tomarán un papel activo en la vida física, sino que su presencia energética será cada vez más percibida, influenciando a aquellos que están sintonizados con su frecuencia.

La Nueva Era no se trata solo de cambios externos, sino principalmente de una transformación interna profunda, donde la conciencia humana se expande para comprender la realidad de manera más amplia e integrada. Los dragones, como arquetipos de la sabiduría primordial y de la fuerza cósmica, desempeñan un papel esencial en este proceso, ayudando a remover los velos de la ilusión y permitiendo que la humanidad perciba su verdadera naturaleza. Aquellos que escuchan el llamado de los dragones ya han comenzado a sentir este cambio y saben que el camino por delante exige compromiso, coraje y autenticidad.

El retorno de la energía dracónica no es solo un evento simbólico, sino un hito en la evolución de la conciencia planetaria. Para aquellos que desean alinearse con esta energía, el primer paso es abrirse a la transformación, aceptar el desafío del autoconocimiento y buscar vivir en armonía con los principios que los dragones representan: verdad, fuerza, equilibrio y respeto por la vida en todas sus formas. El futuro puede ser incierto, pero para aquellos que caminan al lado de los dragones, la jornada será siempre una aventura rumbo al despertar de la verdadera esencia del ser.

Capítulo 24
Meditaciones con Dragones

La meditación con dragones es una práctica profunda que permite acceder a la energía de estas entidades ancestrales e interactuar con su sabiduría de manera directa. Estos seres no se manifiestan de forma casual o arbitraria; su presencia es sentida por aquellos que están preparados para recibir sus enseñanzas e integrar su fuerza en un proceso de evolución espiritual. Establecer esta conexión exige más que simplemente sentarse y buscar un contacto superficial – es necesario alinear mente, cuerpo y espíritu, elevando la vibración personal a un estado de receptividad genuina. Los dragones representan arquetipos de transformación y poder interior, y su presencia en la meditación puede traer revelaciones impactantes, desbloquear potenciales dormidos y provocar cambios profundos en la percepción de la realidad. Para aquellos que sienten el llamado de estos seres, la meditación no solo fortalece el vínculo con su energía, sino que también abre caminos para una comprensión más amplia del propio viaje espiritual.

El primer paso para esta conexión es crear un ambiente propicio, donde el practicante pueda sentirse seguro y en paz, lejos de distracciones. La postura debe ser cómoda, permitiendo que la respiración fluya libremente y que el cuerpo permanezca relajado. La respiración consciente es fundamental en este proceso, pues ayuda a sintonizar la mente con frecuencias más elevadas, abriendo el campo energético para la presencia dracónica. Muchos practicantes relatan que la conexión con los dragones ocurre de manera más intensa cuando hay una intención clara, expresada con respeto y sinceridad. Visualizar un portal de luz, un templo antiguo o un paisaje místico puede facilitar este encuentro, ya que estos elementos simbolizan pasajes a dimensiones donde los dragones habitan. Algunas personas perciben su presencia como una energía cálida y vibrante, mientras que otras ven imágenes vívidas de estos seres imponentes. Independientemente de la forma en que se manifiesten, los dragones se comunican de maneras sutiles, utilizando símbolos, emociones e *insights* que se revelan de forma progresiva.

A medida que el practicante profundiza su conexión, puede comenzar a recibir mensajes, orientaciones o sensaciones que indican la presencia dracónica en su vida cotidiana. Algunas experiencias involucran sueños simbólicos, donde los dragones aparecen como guías o protectores, transmitiendo enseñanzas por medio de metáforas y desafíos. Otros relatan cambios perceptibles en su energía personal, volviéndose más confiados, determinados e intuitivos después de establecer este vínculo. La práctica continua de la meditación con dragones fortalece esta relación, permitiendo que la sabiduría de estos seres sea gradualmente asimilada y aplicada en la vida diaria. El contacto con esta energía exige compromiso y un deseo sincero de crecimiento espiritual, pues los dragones no ofrecen respuestas fáciles – ellos desafían, transforman y empoderan a aquellos que están listos para recorrer un camino de autodescubrimiento y evolución. Así, esta práctica no es solo un medio para establecer un contacto espiritual, sino una jornada para acceder a fuerzas internas adormecidas e integrar el poder y la sabiduría dracónica en la propia esencia.

La importancia de la meditación en este proceso radica en la alineación energética que proporciona. Los dragones son seres que vibran en una frecuencia elevada y, para percibirlos de forma consciente, es necesario que el practicante eleve su propia vibración. Esto significa que la mente debe estar libre de agitación, y el cuerpo, relajado, para que la conexión ocurra de manera fluida. La energía dracónica no puede ser invocada de forma forzada o ansiosa; es preciso paciencia y respeto, pues estos seres no responden a llamadas que no estén alineadas con la intención genuina de aprendizaje y evolución.

Existen diferentes métodos para meditar y sentir la presencia dracónica. Uno de los más comunes es la meditación guiada, donde el practicante visualiza un ambiente específico y se abre a la experiencia. Este método es particularmente útil para aquellos que aún no han desarrollado una sensibilidad energética aguda, ya que la visualización ayuda a crear un espacio mental propicio para que los dragones puedan manifestarse. Otra técnica involucra el uso de mantras o sonidos específicos que resuenan con la energía de los dragones, permitiendo que el practicante sintonice su frecuencia con la de ellos. La respiración también desempeña un papel fundamental, pues controlar el flujo del aire dentro del cuerpo ayuda a calmar la mente y a estabilizar la energía personal.

La visualización es uno de los aspectos más importantes en la meditación con dragones. Para iniciar esta práctica, se recomienda que el practicante encuentre un lugar tranquilo, donde no será interrumpido. Sentado o acostado, debe cerrar los ojos y comenzar a imaginar un paisaje vasto y poderoso, como una montaña antigua, un bosque denso o un océano sin fin. Este escenario debe ser construido de forma vívida, permitiendo que todos los detalles sean sentidos, desde la temperatura del ambiente hasta los sonidos alrededor. Después de establecer este escenario, el practicante debe enfocar su intención en encontrar a su dragón. Se puede imaginar una luz brillante surgiendo en el horizonte, una sombra cruzando el cielo o incluso una energía que se manifiesta en forma de calor y vibración alrededor del cuerpo.

El momento del encuentro es único para cada persona. Algunos relatan ver un dragón inmenso aproximándose, mientras que otros solo sienten su presencia sin una imagen definida. Algunas personas escuchan palabras o sienten emociones profundas que parecen no venir de ellas mismas, como si el dragón estuviera transmitiendo una enseñanza directamente a su conciencia. Hay quienes perciben símbolos, patrones o colores que, más tarde, descubren tener significados específicos relacionados con su viaje espiritual.

Independientemente de la forma en que el dragón se manifiesta, lo más importante es confiar en la experiencia y no tratar de controlarla racionalmente.

Durante la meditación, es común que el practicante experimente sensaciones físicas intensas. Algunas personas relatan un calor súbito, como si una llama interna fuese encendida dentro de ellas, mientras que otras sienten escalofríos o una leve presión en el centro de la frente, indicando la activación del tercer ojo. También hay relatos de una sensación de expansión, como si la conciencia estuviese moviéndose más allá de los límites del cuerpo físico. Estas experiencias pueden variar, pero todas indican que la conexión está siendo establecida y que la energía dracónica está actuando sobre el campo vibracional del practicante.

Interpretar estas experiencias puede ser un desafío, especialmente para aquellos que están comenzando. Lo más importante es observar cómo la energía se manifiesta en el día a día después de la meditación. Muchas veces, los dragones envían mensajes por medio de sueños, sincronicidades o *insights* repentinos que ayudan al practicante a comprender aspectos ocultos de su propia jornada. Algunas personas perciben cambios en su personalidad, sintiéndose más seguras, determinadas y alineadas con su propósito. Otras comienzan a notar señales externas, como imágenes de dragones surgiendo repetidamente en diferentes contextos, indicando que la conexión fue establecida y que los dragones se están comunicando de manera simbólica.

Para profundizar esta práctica a lo largo del tiempo, es esencial mantener una rutina de meditación consistente. Cuanto más el practicante se dedica a este proceso, más fácil se torna acceder a la energía dracónica e interpretar sus enseñanzas. Además, puede ser útil registrar las experiencias en un diario, anotando detalles de las visiones, emociones y mensajes recibidos. Con el tiempo, patrones pueden emerger, revelando una línea de aprendizaje que los dragones están guiando de forma progresiva.

La conexión con los dragones por medio de la meditación no es algo que se desarrolla de forma instantánea, sino un proceso gradual que exige dedicación y respeto. Estos seres no se manifiestan para aquellos que los buscan por curiosidad superficial o deseo de poder, sino para aquellos que están genuinamente comprometidos con su propia evolución espiritual. El practicante debe estar dispuesto a aceptar los desafíos y transformaciones que esta conexión puede traer, pues los dragones no solo enseñan, sino que también ponen a prueba a aquellos que se aproximan a su energía.

Para aquellos que sienten el llamado de los dragones, la meditación es el camino más seguro y eficaz para establecer un vínculo real con estos seres. La práctica no solo permite que su presencia sea percibida, sino que también crea una relación de confianza mutua, donde el practicante aprende a reconocer las señales e integrar la sabiduría dracónica en su vida cotidiana. Aquellos que persisten en esta jornada descubren que los dragones no son solo símbolos de fuerza y protección, sino verdaderos maestros espirituales que pueden guiar el alma hacia niveles más elevados de conciencia y comprensión.

Capítulo 25
Invocaciones y Círculos de Energía

La conexión con los dragones a través de invocaciones y círculos de energía representa un camino de profunda espiritualidad. En él, el practicante se abre a la presencia y sabiduría de estas fuerzas ancestrales. Más que una llamada casual, la invocación es una invitación respetuosa, una solicitud de guía y aprendizaje, basada en la humildad y en una genuina intención de crecer. Los dragones no son entidades que respondan a meras curiosidades o deseos superficiales; se manifiestan ante aquellos que demuestran compromiso y madurez espiritual. Por ello, la preparación para este contacto es esencial, requiriendo una alineación energética que permita percibir su presencia de forma clara y segura. Este proceso implica purificar el ambiente, elevar la vibración personal y crear un espacio sagrado donde la energía fluya sin bloqueos. Quienes deseen recorrer este camino deben comprender que los dragones actúan como guardianes y maestros, poniendo a prueba la disposición del practicante para enfrentar desafíos internos y evolucionar espiritualmente.

La creación de un círculo de energía es uno de los métodos más eficaces para establecer un contacto profundo y protegido con los dragones. Este círculo puede trazarse físicamente, utilizando cristales, velas o símbolos sagrados, o energéticamente, a través de la visualización y la intención. La estructura de este espacio sagrado sirve como un portal que facilita la comunicación con los dragones, a la vez que protege al practicante de influencias externas que puedan interferir en la experiencia. Durante la invocación, se pueden utilizar palabras de poder para sintonizar la frecuencia energética con la presencia dracónica. Algunas tradiciones enseñan que cada dragón posee un nombre vibracional único, descubierto a través de la práctica meditativa o de revelaciones intuitivas. Expresar este llamado de forma auténtica y respetuosa fortalece la conexión, permitiendo que la energía fluya libremente y que las señales de la presencia de los dragones se vuelvan perceptibles. La experiencia puede manifestarse de diversas formas – una sensación de calor intenso, un viento sutil en el ambiente o incluso imágenes vívidas en la mente –, indicando que el contacto se ha establecido con éxito.

    Después de la invocación, la gratitud desempeña un papel fundamental en el mantenimiento de esta relación espiritual. Agradecer la presencia de los dragones, independientemente de la intensidad de la experiencia, demuestra respeto y fortalece el vínculo con estas fuerzas. El cierre del círculo debe realizarse con consciencia, disipando la energía generada de manera equilibrada e intencional. Para aquellos que deseen profundizar en esta práctica, mantener un diario de experiencias puede ser útil para registrar percepciones, mensajes recibidos y patrones recurrentes que surjan a lo largo del tiempo. A medida que la conexión se vuelve más fuerte, el practicante comienza a integrar la sabiduría de los dragones en su vida, volviéndose más intuitivo, resiliente y alineado con su verdadera esencia. La jornada con los dragones no es solo un ejercicio de invocación, sino un camino de autodescubrimiento y transformación, donde aquellos que se muestran dignos reciben no solo protección y conocimiento, sino también el desafío de crecer y expandir su conciencia más allá de los límites de la realidad convencional.

La preparación para una invocación es uno de los aspectos más importantes del proceso. El espacio donde se realizará el ritual debe estar energéticamente limpio, ya que los dragones responden a ambientes donde la energía fluye sin bloqueos ni interferencias. La limpieza puede realizarse con inciensos, hierbas o cristales que ayuden a remover cualquier vibración desarmoniosa. La elección del lugar también es fundamental, siendo preferible un ambiente donde el practicante pueda concentrarse sin interrupciones. Algunos prefieren realizar esta práctica al aire libre, especialmente en lugares naturales que posean una fuerte presencia de los elementos, como montañas, bosques o a la orilla de ríos y océanos.

Crear un círculo de energía dracónica fortalece la conexión y protege el espacio ritual. El círculo puede trazarse físicamente, utilizando piedras, velas o símbolos específicos, o energéticamente, por medio de la visualización. Al dibujar el círculo, el practicante puede imaginar un anillo de fuego, agua, viento o luz dorada a su alrededor, simbolizando la presencia de los dragones y la activación del campo energético. Dentro de este espacio, la mente y el corazón deben estar en sintonía con la intención del ritual, pues los dragones no responden a peticiones vacías o motivadas por intereses egoístas.

Se pueden usar palabras de poder para facilitar la conexión. Algunas tradiciones enseñan que cada dragón posee un nombre vibracional, un sonido que resuena con su esencia y puede ser utilizado para llamarlo respetuosamente. Estos nombres no se revelan a la ligera y, a menudo, se descubren a través de experiencias meditativas o sueños. Además, se pueden crear frases de invocación intuitivamente, expresando la intención de conexión y aprendizaje. Un ejemplo de invocación podría ser algo como: "Grandes guardianes ancestrales, dragones del tiempo y los elementos, os llamo con respeto y humildad. Si es parte de mi merecido camino, que vuestra sabiduría se revele y vuestra energía me guíe".

El uso de símbolos también fortalece la invocación. Algunas tradiciones utilizan sigilos específicos, creados para representar la presencia dracónica y servir como portales para su energía. Estos símbolos pueden dibujarse en el suelo, en pergaminos o incluso visualizarse en la mente. Cristales como la obsidiana, el cuarzo ahumado y el citrino son conocidos por su afinidad con los dragones y pueden colocarse dentro del círculo para anclar la energía. Otros elementos, como velas de colores que representan los diferentes aspectos de los dragones – fuego, agua, tierra y aire –, pueden utilizarse para reforzar la presencia de los elementos en el ritual.

Trabajar con la energía dracónica requiere precaución y ética. Estos seres poseen una vibración intensa y no toleran manipulaciones o intentos de invocación irresponsables. Un error común entre los principiantes es tratar de forzar un contacto sin la debida preparación o respeto, lo que puede resultar en una experiencia incómoda o en una desconexión total. Los dragones no son entidades pasivas; ponen a prueba a aquellos que los llaman y pueden retirarse si perciben que el practicante no está preparado para lidiar con su energía. Por ello, es esencial que la intención de la invocación sea clara, respetuosa y alineada con el propósito de aprendizaje y crecimiento espiritual.

Durante el ritual, es común que ciertas sensaciones se manifiesten. Algunas personas relatan un aumento súbito en la temperatura corporal, indicando la presencia de un dragón de fuego, mientras que otras sienten una leve brisa alrededor del círculo, señalando la influencia de un dragón del aire. También hay quienes perciben un peso sobre los hombros o una ola de calma profunda, sugiriendo que la conexión se ha establecido. Sonidos sutiles, como chasquidos en el ambiente o un eco distante, pueden interpretarse como señales de que los dragones están atentos a la invocación.

Después de la invocación, es esencial demostrar gratitud por la presencia de los dragones, independientemente de si ha habido una manifestación clara o no. El cierre del ritual debe hacerse de forma respetuosa, deshaciendo el círculo con intención y agradeciendo la oportunidad de conexión. El practicante puede dejar una ofrenda simbólica, como un cristal, una vela o incluso un pensamiento sincero de reconocimiento por la experiencia vivida.

La práctica de la invocación y los círculos de energía dracónica no debe verse como un evento aislado, sino como un camino de aprendizaje continuo. Cuanto más se dedica un practicante a esta jornada, más afinado se vuelve con la energía de los dragones y más clara se vuelve su comunicación con ellos. Aquellos que persisten en este camino no solo desarrollan una conexión profunda con estos seres, sino que también transforman su propia esencia, volviéndose más fuertes, sabios y alineados con las fuerzas primordiales del universo.

Capítulo 26
Cómo Honrar a los Dragones

Los dragones son fuerzas ancestrales que trascienden la mitología y el simbolismo, manifestándose como guardianes de conocimiento y poder primordial. Su esencia resuena en diversas culturas a lo largo de la historia, siendo venerados no solo como criaturas legendarias, sino como entidades espirituales que representan elementos fundamentales de la existencia. A diferencia de seres espirituales accesibles a través de la devoción pasiva, los dragones exigen un acercamiento consciente y respetuoso, donde la conexión se construye sobre pilares de honor, compromiso y una profunda comprensión de su naturaleza. Cada encuentro con estas fuerzas demanda autenticidad, pues su presencia no se revela a quien busca solo beneficio propio, sino a aquellos que demuestran dedicación e intención genuina de comprender su energía.

El acto de honrar a los dragones va más allá de la simple práctica ritual; se trata de una alineación interior con los valores que estos seres representan. Coraje, sabiduría, lealtad y transformación son aspectos esenciales de esta relación, y cualquier intento de conectar con los dragones sin incorporar estas cualidades resultará en una interacción superficial o incluso inexistente. Ellos no se impresionan con gestos vacíos o promesas hechas sin convicción. Por el contrario, observan atentamente la conducta del practicante a lo largo del tiempo, evaluando si sus acciones están realmente alineadas con la esencia dracónica. Este proceso de evaluación no debe ser visto como un obstáculo, sino como una invitación al autoconocimiento y al perfeccionamiento espiritual.

La reverencia a los dragones involucra tanto ofrendas simbólicas como actitudes concretas en la vida cotidiana. El respeto por uno mismo y por los ciclos naturales, la búsqueda constante de la superación y la defensa de aquello que es sagrado son manifestaciones prácticas de este compromiso. Los elementos ofrecidos en rituales deben reflejar más que un deseo de agradar a estas entidades; necesitan llevar la intención sincera de establecer un vínculo basado en la reciprocidad. Así, el verdadero homenaje no se limita a un altar o a un gesto puntual, sino que se manifiesta en la forma en que el practicante conduce su camino, cultivando la disciplina, la resiliencia y la responsabilidad ante el conocimiento que busca acceder.

La naturaleza de las ofrendas puede variar dependiendo del tipo de dragón y de la intención del ritual. Para los dragones de fuego, elementos que representen la llama sagrada son apropiados, como velas rojas o doradas, inciensos de resinas fuertes como mirra y olíbano, e incluso pequeñas piedras volcánicas dejadas en altares al aire libre. Estos dragones aprecian acciones que demuestren coraje y transformación, por lo que quemar papeles que contengan miedos o patrones negativos a transmutar puede ser una ofrenda simbólica poderosa.

Los dragones de agua, por su parte, están ligados al flujo emocional y a la intuición, prefiriendo ofrendas que lleven la esencia de la fluidez y la pureza. Fuentes naturales de agua, como arroyos, cascadas y lagos, son lugares ideales para honrarlos. Cristales energizados en agua corriente, copas de agua consagradas con hierbas como manzanilla o lavanda, o incluso conchas y perlas pueden ser dejadas como símbolos de respeto. Además, practicar el autocuidado emocional y la purificación interna son formas de honrar a estos dragones, ya que valoran el equilibrio y el flujo natural de la vida.

Para los dragones de tierra, elementos sólidos y enraizados son más apropiados. Rocas de lugares sagrados, semillas, granos y cristales como turmalina negra o jaspe son buenas opciones. Plantar un árbol o cuidar de un espacio natural puede ser visto como una ofrenda viva, demostrando el compromiso del practicante con la preservación de la Tierra, un valor fundamental para estos dragones. Estas ofrendas no necesitan ser dejadas en altares físicos, sino integradas a la rutina de forma consciente, como un acto continuo de respeto por el planeta y por las fuerzas que lo sostienen.

Los dragones de aire son mensajeros interdimensionales y aprecian ofrendas que involucren sonido, movimiento e intención mental clara. Mantras, música tocada en su honor, plumas simbólicas o incluso la práctica de respiración consciente son maneras de ofrecer algo significativo a estos dragones. El uso de inciensos ligeros, como sándalo y lavanda, o de campanas y cuencos tibetanos puede facilitar la sintonía con su energía. Meditar en lugares altos, como montañas o terrazas, donde el viento circula libremente, es una forma simbólica de reconocer su presencia y demostrar reverencia.

Los rituales de honor y gratitud a los dragones pueden ser sencillos, pero siempre deben ser realizados con verdad y respeto. Crear un pequeño altar, ya sea en el ambiente físico o mental, y dedicar algunos momentos para expresar reconocimiento puede ser un primer paso. Las ofrendas pueden ir acompañadas de palabras espontáneas o frases rituales que expresen gratitud, como: "Agradezco por la presencia y por la sabiduría compartida. Que mi camino continúe en sintonía con la energía dracónica y que yo pueda honrar esta conexión con consciencia y verdad".

El significado espiritual de las ofrendas reside en la intención y en la energía invertida en ellas. Cuando se hacen de manera sincera, estas prácticas crean un lazo vibracional entre el practicante y los dragones, permitiendo que su energía se manifieste de forma más clara y presente. Más que objetos materiales, los dragones valoran actitudes alineadas con su esencia, como la búsqueda de conocimiento, la superación de desafíos y la protección de aquello que es sagrado.

Practicantes que han incorporado el hábito de hacer ofrendas y demostraciones de respeto frecuentemente relatan cambios significativos en sus caminos espirituales. Algunos perciben un aumento en la intuición, sintiendo a los dragones guiándolos a través de sueños, sincronicidades e insights profundos. Otros relatan una sensación constante de protección y fuerza interior, como si estuvieran acompañados por una presencia invisible pero poderosa. Hay incluso quienes notan un mayor flujo de oportunidades y aprendizaje, como si la conexión con los dragones estuviera alineando su trayectoria con un propósito mayor.

Honrar a los dragones no significa solo realizar rituales ocasionales, sino vivir de acuerdo con principios que resuenan con su energía. Demostrar lealtad, coraje y respeto por el conocimiento son actitudes que fortalecen esta conexión más que cualquier ofrenda física. Los dragones son seres que observan la esencia de los individuos, y aquellos que demuestran compromiso con su propio crecimiento espiritual naturalmente se vuelven más receptivos a su presencia.

La relación con los dragones es un camino de doble vía, donde la confianza y el intercambio genuino son los pilares que sostienen esta interacción. Para aquellos que desean profundizar este vínculo, la clave está en la autenticidad. Más que gestos simbólicos, los dragones valoran la verdad del corazón y la coherencia entre palabras y acciones. Al honrarlos de manera sincera, el practicante no solo fortalece su conexión con estos seres, sino que también se alinea con una energía de poder y sabiduría que puede transformar su camino de manera profunda y duradera.

Capítulo 27
Mensajes del Inconsciente

El mundo de los sueños es un territorio vasto y misterioso, donde el inconsciente se comunica a través de símbolos, arquetipos y experiencias intensas que trascienden la lógica del estado de vigilia. En él, la mente humana se desconecta de las barreras racionales y se abre a dimensiones donde fuerzas primordiales pueden manifestarse. Entre estas fuerzas, los dragones emergen como figuras de profundo significado, representando desafíos, protección, poder y sabiduría. Su presencia en los sueños no es aleatoria; por el contrario, refleja aspectos internos del soñador, transmitiendo mensajes que pueden ayudar en el proceso de autoconocimiento y transformación personal. La interacción con dragones en el mundo onírico puede ser un llamado a despertar una fuerza interior dormida, enfrentar miedos ocultos o incluso una invitación a establecer un vínculo espiritual más profundo con estas entidades.

La forma en que los dragones se presentan en los sueños varía según el estado emocional y el momento de vida de cada individuo. Para algunos, aparecen como criaturas imponentes, desafiando al soñador a encarar sus propios límites y superar obstáculos internos. Para otros, se manifiestan como aliados o guías, ofreciendo protección y orientación en momentos de incertidumbre. La interpretación de estas apariciones requiere sensibilidad y atención a los detalles del sueño, pues cada elemento —color, comportamiento, ambiente y emociones involucradas— conlleva un significado que puede revelar mensajes ocultos. Por ejemplo, un dragón que se yergue ante el soñador de manera amenazante puede representar un miedo reprimido que necesita ser enfrentado, mientras que un dragón sereno que permite la aproximación puede simbolizar el descubrimiento de un nuevo potencial o una conexión espiritual en desarrollo.

Más allá del simbolismo individual, los sueños con dragones pueden ser experiencias espirituales auténticas, en las cuales la conciencia del soñador accede a planos sutiles de la existencia. Algunas tradiciones esotéricas creen que los dragones habitan reinos etéreos y que, durante el sueño, es posible establecer contacto directo con estas entidades. En estos casos, el sueño se diferencia por su intensidad y claridad, dejando una profunda impresión al despertar. Sueños de este tipo generalmente están acompañados de sensaciones vívidas, mensajes directos y una atmósfera de realismo que los distingue de meras creaciones de la mente subconsciente. Para aquellos que desean comprender mejor estas experiencias, mantener un diario de sueños y practicar técnicas de inducción, como la meditación antes de dormir o el uso de cristales que favorecen el recuerdo de los sueños, puede ser un camino para profundizar esta conexión y descifrar las enseñanzas que los dragones tienen para ofrecer.

El significado simbólico de los dragones en los sueños está ligado a la transformación, al poder y a la conexión con fuerzas primordiales. En muchas culturas, el dragón representa desafíos internos que necesitan ser superados, instintos primordiales que deben ser integrados o incluso la necesidad de enfrentar miedos y limitaciones personales. Cuando un dragón surge en el mundo onírico, puede estar trayendo a la luz aspectos reprimidos de la psique, como rabia no expresada, coraje no reclamado o un llamado a expandir la conciencia. Por otro lado, dependiendo del contexto del sueño, un dragón puede representar protección, sabiduría ancestral o la presencia de un guía espiritual auxiliando en la jornada de autoconocimiento.

Los dragones también pueden actuar como verdaderos guías dentro del mundo de los sueños, auxiliando en la comprensión de misterios y proporcionando enseñanzas que no serían fácilmente accesibles en el estado de vigilia. Algunas tradiciones esotéricas sugieren que ciertas almas poseen conexiones antiguas con estos seres y, durante el sueño, pueden recibir instrucciones directas sobre su misión de vida, caminos espirituales o incluso aspectos desconocidos de la realidad. Hay relatos de soñadores que, al encontrar un dragón en sueños, recibieron visiones sobre eventos futuros, información sobre su desarrollo personal o *insights* sobre cuestiones que los afligían.

Diferenciar un sueño puramente simbólico de una experiencia espiritual real con dragones puede ser desafiante, pero existen algunas características que ayudan en esta distinción. Los sueños comunes tienden a ser fragmentados, con elementos inconexos y un flujo irregular de eventos. En cambio, las experiencias espirituales con dragones suelen ser increíblemente vívidas, con una claridad que trasciende la lógica habitual de los sueños. Muchas veces, los soñadores relatan una sensación de presencia real, como si estuvieran ante una conciencia independiente que interactúa de manera autónoma. Además, estos sueños frecuentemente dejan un impacto emocional duradero, acompañados por una sensación de aprendizaje profundo o despertar espiritual.

Para aquellos que desean interpretar y registrar sus sueños con dragones, mantener un diario de sueños es una práctica esencial. Tan pronto como se despierte, el soñador debe anotar todos los detalles posibles de la experiencia, incluyendo colores, sensaciones, interacciones y emociones involucradas. Cada elemento del sueño puede conllevar un significado oculto y, a lo largo del tiempo, pueden emerger patrones, revelando mensajes recurrentes o temas específicos que los dragones están intentando comunicar. El análisis de estos sueños puede hacerse de forma intuitiva, conectándose con la sensación que cada imagen despierta, o utilizando referencias simbólicas y mitológicas para una interpretación más profunda.

Además del registro, se pueden emplear técnicas de inducción de sueños lúcidos para facilitar el contacto consciente con los dragones en el mundo onírico. Métodos como la práctica de la atención plena durante el día, el uso de afirmaciones antes de dormir y la repetición de la intención de encontrar un dragón en el sueño pueden aumentar las posibilidades de un encuentro significativo. Algunos practicantes también utilizan cristales como la amatista o el lapislázuli bajo la almohada, ya que son conocidos por amplificar la conexión con el plano de los sueños y facilitar experiencias espirituales.

Relatos de personas que han tenido encuentros profundos con dragones en sueños sugieren que estas experiencias pueden causar cambios significativos en la vida despierta. Algunos describen que, después de soñar con un dragón, comenzaron a sentir más confianza y fuerza interior, como si hubieran recibido un impulso energético para superar desafíos. Otros relatan que los dragones proporcionaron mensajes enigmáticos que, al ser descifrados, ayudaron a esclarecer aspectos importantes de sus vidas. También hay quienes afirman haber visto dragones en múltiples sueños a lo largo de los años, cada vez trayendo nuevas revelaciones, como si un proceso gradual de aprendizaje estuviera ocurriendo.

Los dragones en los sueños no son solo figuras de fantasía o elementos aleatorios del subconsciente, sino manifestaciones poderosas de fuerzas que actúan más allá de lo que podemos comprender racionalmente. Para aquellos que sienten el llamado de estos seres, prestar atención a los sueños puede ser uno de los caminos más directos para establecer una conexión significativa. El inconsciente habla a través de símbolos, y los dragones, cuando aparecen, traen consigo mensajes que pueden transformar la percepción de la realidad y expandir la conciencia hacia nuevas dimensiones del conocimiento y del despertar espiritual.

Capítulo 28
Desarrollo Personal

El desarrollo personal impulsado por la energía de los dragones es un proceso intenso y transformador, en el cual la fuerza interior del individuo se despierta y se refina. Esta conexión no ocurre de forma pasiva, pues los dragones no son entidades que ofrecen confort sin esfuerzo. Por el contrario, desafían a aquellos que buscan su presencia, exigiendo compromiso, coraje y la disposición de enfrentar verdades muchas veces ocultas. La influencia draconiana no solo fortalece la personalidad y la determinación, sino que también guía al practicante en el descubrimiento de su verdadero potencial, mostrando que la verdadera evolución ocurre cuando hay disposición para encarar desafíos y trascender límites autoimpuestos.

La energía de los dragones actúa como un catalizador para cambios profundos, ayudando a transformar inseguridades en autoconfianza y miedos en oportunidades de crecimiento. Muchas personas que entran en contacto con esta fuerza relatan un aumento en la claridad de propósito y en la capacidad de tomar decisiones con más firmeza. Esto ocurre porque los dragones no toleran la duda cuando se trata de seguir el propio camino. Enseñan que cada persona es responsable de la construcción de su propia jornada y que el poder para moldear la realidad está dentro de cada uno. Sin embargo, esta fuerza no es concedida gratuitamente; debe ser reivindicada con autenticidad y esfuerzo continuo. A cada obstáculo superado, el individuo se vuelve más fuerte, más consciente de sí mismo y más alineado con su verdadera esencia.

El compromiso con el desarrollo personal bajo la guía de los dragones no se limita a momentos específicos de introspección o práctica espiritual. Se trata de un cambio en la forma de vivir y de interactuar con el mundo. La energía draconiana se manifiesta en pequeñas y grandes elecciones diarias: en el modo como enfrentamos desafíos, en la manera como nos posicionamos ante las dificultades y en la disposición de persistir incluso cuando el camino parece incierto. Incorporar los principios draconianos –coraje, autenticidad, sabiduría y responsabilidad– significa adoptar una postura de constante aprendizaje y crecimiento. Aquellos que aceptan esta jornada perciben que los dragones no solo inspiran transformación, sino que también sirven como guías para una vida más plena y alineada con el verdadero potencial del ser.

La influencia de los dragones en el crecimiento personal puede ser percibida de diversas maneras. Uno de los aspectos más marcantes es el fortalecimiento de la autoconfianza. Muchas personas que inician esta conexión relatan una transformación profunda en su postura ante la vida, sintiéndose más seguras para expresar su verdad, tomar decisiones importantes y asumir la responsabilidad por su jornada. Esto ocurre porque los dragones enseñan que la verdadera fuerza viene de dentro, y que nadie puede dominar completamente su realidad sin antes dominarse a sí mismo. La energía draconiana inspira la autosuficiencia y el coraje de caminar por senderos desconocidos, confiando en la propia intuición y poder interior.

Otro impacto significativo de esta conexión es el desarrollo de la resiliencia emocional y mental. Los dragones, a menudo, desafían a aquellos que los buscan, confrontándolos con sus sombras y limitaciones. Este proceso puede ser intenso, pues exige que la persona encare sus inseguridades, miedos y creencias limitantes de frente. Sin embargo, aquellos que aceptan este desafío descubren que son mucho más fuertes de lo que imaginaban. Esta fuerza interior no viene de la negación o represión, sino de la aceptación e integración de las propias debilidades como parte del proceso de crecimiento. Así como un dragón vuela libre por entre tempestades sin abatirse, el individuo aprende a atravesar momentos turbulentos de la vida con sabiduría y equilibrio.

Incorporar las enseñanzas de los dragones en la vida cotidiana exige práctica y compromiso. La primera etapa es reconocer la presencia de esta energía y abrirse a sus lecciones. Esto puede ser hecho a través de la meditación, donde el practicante se conecta con la esencia de los dragones y permite que su fuerza se manifieste internamente. Otra forma de aplicar estas enseñanzas es por medio de acciones concretas que reflejen los valores draconianos, como la honestidad, el coraje y el respeto por la propia verdad. Cada elección hecha con integridad fortalece esta conexión y amplía la influencia positiva de los dragones en la jornada personal.

La presencia de los dragones también puede ser evocada en momentos de toma de decisión. En situaciones donde la duda o el miedo surgen, se puede visualizar un dragón al lado, como un guardián de la claridad y de la determinación. Esta simple práctica puede traer una sensación de seguridad y ánimo, permitiendo que la persona tome decisiones más alineadas con su propósito. Además, trabajar con la energía de los dragones en desafíos específicos –como hablar en público, enfrentar un obstáculo personal o iniciar un nuevo proyecto– puede ser una forma poderosa de integrar su fuerza al día a día.

Muchas personas que han pasado a conectarse con los dragones relatan cambios profundos en sus vidas. Algunas experimentaron un aumento significativo de coraje y osadía, permitiéndose explorar nuevos caminos sin miedo al fracaso. Otras percibieron que su intuición se volvió más aguda, facilitando la comprensión de señales y mensajes del universo. Hay también aquellos que desarrollaron un sentido de propósito más claro, sintiéndose guiados por una fuerza mayor en su jornada. Estas transformaciones no ocurren de manera instantánea, sino como un proceso continuo de maduración y autodescubrimiento, donde cada paso dado fortalece aún más la conexión con esta energía ancestral.

Los dragones actúan como maestros y catalizadores de la evolución humana porque desafían el estancamiento e impulsan el crecimiento. A diferencia de guías espirituales que ofrecen confort y protección, los dragones enseñan a través de la superación, colocando al individuo delante de pruebas que lo llevan a fortalecerse. Su papel no es cargar a nadie en los hombros, sino enseñar cómo crear sus propias alas y volar con independencia. Este abordaje puede parecer riguroso para algunos, pero es exactamente esa exigencia lo que hace que la conexión con los dragones sea tan transformadora.

Trabajar con los dragones es asumir el compromiso de caminar con integridad, fuerza y propósito. Es un llamado para aquellos que no temen al cambio y que están listos para acceder a su verdadero potencial. Aquellos que aceptan este llamado descubren que los dragones no son solo mitos o arquetipos distantes, sino fuerzas vivas que actúan en el desarrollo del alma, guiando a cada uno hacia una existencia más auténtica y poderosa.

Capítulo 29
Cómo Sentir la Presencia de los Dragones

La presencia de los dragones en el mundo espiritual no se revela de manera obvia o directa, sino a través de señales sutiles y experiencias que desafían la lógica cotidiana. Estos seres, portadores de una energía ancestral y poderosa, se manifiestan a aquellos que están abiertos a percibir su influencia, ya sea por medio de sueños vívidos, intuiciones repentinas o sincronicidades que se vuelven imposibles de ignorar. Más que figuras mitológicas o arquetipos del inconsciente colectivo, los dragones representan una fuerza viva que resuena con aquellos que buscan crecimiento, coraje y una conexión más profunda con los misterios del universo. Sentir su presencia no depende de una creencia ciega, sino de una sensibilidad agudizada y la disposición para reconocer patrones y mensajes que pueden estar ocultos en las experiencias diarias.

Para aquellos que se sienten llamados por esta energía, los primeros indicios de la presencia dracónica suelen surgir de manera espontánea. Un interés repentino por símbolos de dragón, la atracción inexplicable por historias o representaciones de estos seres, e incluso cambios en la forma de percibir el ambiente que les rodea, son algunas de las señales más comunes. Algunas personas relatan un aumento en su fuerza interior, como si una presencia invisible las impulsara a enfrentar desafíos con mayor determinación. Otras experimentan momentos de claridad intensa, como si estuvieran recibiendo consejos u orientaciones de una fuente que trasciende la mente racional. Sensaciones físicas, como un calor repentino en el cuerpo, un escalofrío inexplicable o incluso una variación sutil en la energía del ambiente, también pueden indicar que los dragones se están manifestando.

La conexión con los dragones se fortalece a medida que el individuo se vuelve más receptivo y consciente de estas señales. Crear momentos de introspección, ya sea por medio de la meditación, la escritura intuitiva o la contemplación de la naturaleza, puede facilitar esta percepción. Además, honrar esta presencia con respeto e intención genuina es esencial para establecer un vínculo verdadero. Los dragones no se comunican de manera lineal, sino a través de impresiones, sentimientos y símbolos que requieren una interpretación cuidadosa. Aquellos que se dedican a esta jornada descubren que los dragones no solo observan y guían a distancia, sino que también se convierten en aliados poderosos, ofreciendo protección, inspiración y fuerza para atravesar los desafíos de la vida con valentía y propósito.

Las señales de este retorno pueden manifestarse de diferentes formas. Muchas personas relatan un interés repentino por los dragones, sin que haya un motivo aparente. Este llamado puede llegar en forma de sueños intensos, imágenes recurrentes, sincronicidades e incluso una sensación de familiaridad al escuchar historias sobre estos seres. Algunas personas comienzan a percibir dragones en símbolos del día a día, como en patrones naturales, nubes o incluso en manifestaciones artísticas que antes no les llamaban la atención. Esto indica que su conciencia se está abriendo a esta energía y que los dragones están intentando establecer un contacto sutil.

Percibir estas señales requiere sensibilidad y atención. En la cotidianidad, la presencia dracónica puede revelarse a través de pequeños detalles que, para la mente distraída, pasarían desapercibidos. Sonidos inesperados, cambios en la temperatura ambiente e incluso una sensación de fuerza inexplicable que surge en momentos de introspección, pueden ser indicativos de que los dragones están cerca. Algunas personas relatan sentir una presencia observadora, como si estuvieran siendo guiadas por una fuerza invisible que las alienta a seguir evolucionando. Este tipo de experiencia puede ocurrir durante meditaciones, momentos de silencio profundo o incluso en situaciones de gran necesidad, cuando un impulso de coraje surge aparentemente de la nada.

Los sueños y las visiones son algunos de los medios más comunes por los cuales los dragones entran en contacto con aquellos que están despertando a su presencia. En los sueños, los dragones pueden aparecer como figuras grandiosas, transmitiendo mensajes simbólicos o simplemente demostrando su fuerza e imponencia. Algunas personas relatan diálogos telepáticos con dragones, en los que reciben orientaciones sobre su jornada espiritual. Otros describen la sensación de volar junto a un dragón, simbolizando libertad, elevación de la conciencia y superación de limitaciones. El impacto de estas experiencias suele ser profundo, dejando una impresión duradera y un sentido de conexión inexplicable con estos seres.

La interpretación correcta de estas manifestaciones es fundamental para comprender el mensaje que los dragones desean transmitir. No toda experiencia que involucre dragones indica una conexión genuina; a veces, puede ser solo una manifestación del inconsciente procesando arquetipos poderosos. Para diferenciar un contacto real de un simple reflejo interno, es necesario observar el impacto de la experiencia. Los contactos auténticos con dragones suelen traer cambios significativos en la percepción de la vida, proporcionando mayor claridad, coraje y un sentido renovado de propósito. Además, estas experiencias generalmente van acompañadas de un fuerte sentimiento de respeto y admiración, en lugar de miedo o confusión.

Fortalecer esta conexión implica abrirse conscientemente a la presencia de los dragones y demostrar receptividad a sus enseñanzas. Meditaciones enfocadas, invocaciones respetuosas y prácticas de visualización son formas eficaces de alinear la energía personal con la vibración dracónica. Crear un espacio sagrado, ya sea un altar simbólico o un lugar específico para la reflexión y conexión, puede facilitar esta sintonía. Algunos practicantes también utilizan cristales, como la obsidiana y el cuarzo dorado, para amplificar esta energía y crear un campo más receptivo a la presencia de los dragones.

Los relatos de personas que han sentido la presencia de los dragones en sus vidas son variados, pero todos comparten un elemento en común: la transformación profunda que esta conexión proporciona. Algunas personas perciben cambios sutiles, como un aumento en la confianza y determinación, mientras que otras pasan por verdaderos despertares espirituales, donde la energía dracónica actúa como un catalizador para su evolución. También están aquellos que relatan una sensación continua de protección, como si estuvieran siendo guiados por una fuerza ancestral que les ayuda a enfrentar desafíos y tomar decisiones importantes.

El retorno de los dragones a la conciencia de la humanidad no es un evento aislado, sino parte de un proceso mayor de reconexión con fuerzas antiguas que siempre han estado presentes, pero que permanecieron dormidas por un tiempo. A medida que más personas despiertan a esta presencia, la influencia de los dragones se vuelve más perceptible, guiando a la humanidad hacia una nueva era de entendimiento, poder y equilibrio. Aquellos que sienten este llamado deben estar dispuestos a profundizar en esta jornada, no como una búsqueda de poder o conocimiento superficial, sino como un compromiso genuino con su propio crecimiento y la expansión de la conciencia.

Capítulo 30
Los Maestros y Guardianes

Los dragones siempre han sido más que meros símbolos de fuerza y misterio; representan maestros espirituales que guían a aquellos dispuestos a afrontar los desafíos del camino evolutivo. Su presencia en las tradiciones antiguas sugiere que, además de ser guardianes del conocimiento sagrado, son instructores rigurosos que ponen a prueba la determinación y el coraje de quienes buscan la sabiduría. A diferencia de otras entidades espirituales que ofrecen guía directa y protección incondicional, los dragones exigen compromiso y una transformación genuina. El aprendizaje que brindan no se transmite a través de palabras suaves o enseñanzas simples, sino por medio de retos que obligan al discípulo a superar sus propios límites y a conquistar una comprensión más profunda de sí mismo y del universo.

Esta relación maestro-aprendiz se construye sobre principios de mérito y resiliencia. Los dragones no eligen a sus alumnos al azar; observan la conducta, la intención y el esfuerzo de cada buscador. Para ser digno de la guía dracónica, es necesario demostrar disciplina, fuerza de voluntad y una búsqueda sincera del autoconocimiento. Las enseñanzas de los dragones se transmiten a menudo de forma simbólica, a través de sueños, visiones y experiencias que, a primera vista, pueden parecer desafiantes o enigmáticas. Estas pruebas no son castigos, sino oportunidades para que el individuo demuestre su determinación y refine sus habilidades espirituales. Solo aquellos que se muestran dispuestos a enfrentar sus propias sombras y limitaciones logran acceder a los secretos que estos guardianes mantienen bajo su protección.

La tutela dracónica no es un escudo que protege contra todas las dificultades de la vida, sino una fuerza que fortalece el espíritu y amplía la percepción de la realidad. Aquellos que entran en sintonía con los dragones a menudo relatan una transformación profunda, sintiéndose más seguros, determinados y alineados con su propósito. Esta presencia puede ser sutil, percibida como una intuición agudizada o un impulso de coraje en los momentos más cruciales. Otros experimentan manifestaciones más intensas, como sueños vívidos en los que los dragones aparecen como maestros que enseñan lecciones importantes. Independientemente de la forma que asuma, esta conexión es un llamado a la evolución constante, desafiando al individuo a crecer y a convertirse en la mejor versión de sí mismo. Trabajar con los dragones significa recorrer un camino de poder y responsabilidad, donde cada lección aprendida se traduce en un paso firme hacia el despertar de la verdadera sabiduría.

A lo largo de la historia, buscadores espirituales han relatado experiencias que indican la presencia de los dragones como guías ocultos. En textos antiguos, hay menciones a dragones como guardianes de templos invisibles, donde solo aquellos que demuestran verdadero mérito pueden entrar. En algunas culturas, los dragones eran vistos como protectores de la tierra, del conocimiento y de los secretos del universo. Monjes taoístas en China creían que los dragones eran manifestaciones de la energía primordial del cosmos, capaces de revelar caminos a aquellos que se alineaban con su vibración. En Occidente, alquimistas medievales usaban la imagen del dragón como un símbolo del proceso de transmutación, representando la jornada del aprendiz en busca de la iluminación.

El acceso a las enseñanzas de los dragones no ocurre de manera aleatoria. Exige disciplina, respeto y, sobre todo, la capacidad de abrirse a cambios profundos. Los dragones no ofrecen respuestas fáciles; en cambio, presentan situaciones que obligan al practicante a crecer, superar limitaciones y alcanzar nuevos niveles de conciencia. Esta transmisión de conocimiento puede ocurrir a través de sueños, visiones, sincronicidades e incluso desafíos en el mundo físico que sirven como pruebas para fortalecer el alma del aprendiz. Para aquellos que están preparados, los dragones ofrecen llaves para acceder a dimensiones superiores de sabiduría, expandiendo la percepción de la realidad.

La tutela dracónica es un concepto que se refiere a la protección y orientación espiritual concedida por los dragones a aquellos que demuestran estar listos para caminar a su lado. Esta protección energética puede sentirse como una fuerza invisible que acompaña al individuo en momentos de peligro o incertidumbre.

Muchas personas que se conectan con los dragones relatan sentir su presencia cuando enfrentan situaciones difíciles, como una energía sutil que los anima a seguir adelante, fortaleciendo su determinación y claridad mental. Esta tutela no se da indiscriminadamente; debe ser conquistada a través del compromiso con la verdad, la integridad y la búsqueda del autoconocimiento.

Los relatos de personas que han experimentado esta conexión varían, pero hay patrones que se repiten. Algunos describen sensaciones físicas intensas al invocar la presencia de los dragones, como un calor súbito recorriendo el cuerpo o una electricidad sutil alrededor del campo energético. Otros relatan sueños recurrentes en los que los dragones aparecen como profesores, conduciéndolos por paisajes desconocidos y revelando lecciones simbólicas. También hay quienes perciben cambios en su propia energía después de establecer esta conexión, sintiéndose más confiados, protegidos y alineados con su propósito de vida.

Los dragones, como maestros y guardianes, representan la fuerza bruta de la sabiduría cósmica, exigiendo de aquellos que los buscan una transformación real y profunda. Trabajar con su energía significa abandonar ilusiones, enfrentar verdades dolorosas y, sobre todo, desarrollar un sentido de responsabilidad sobre su propia jornada espiritual. No guían a aquellos que esperan respuestas fáciles o atajos para el crecimiento; en cambio, ofrecen desafíos que llevan al verdadero despertar. Para aquellos que aceptan este llamado, la jornada al lado de los dragones se convierte en un camino de constante evolución, donde cada lección aprendida fortalece no solo el espíritu, sino también la propia esencia del ser.

Capítulo 31
O Chamado Final

A conexão com os dragões transcende o conceito de simples crença ou fascínio mitológico. Trata-se de uma experiência transformadora que exige comprometimento, percepção aguçada e uma disposição genuína para a mudança. Ao longo da jornada, cada passo dado não foi apenas uma busca pelo desconhecido, mas um caminho de autodescoberta que moldou o espírito e desafiou as limitações impostas pelo medo e pela dúvida. Aqueles que chegam a este ponto não o fazem por acaso. Há um impulso interno, uma força inquestionável que os guiou até aqui, atravessando obstáculos, redefinindo paradigmas e permitindo o florescimento de uma consciência expandida. Não se trata apenas de buscar os dragões como entidades externas, mas de reconhecer a essência dracônica dentro de si, aquela centelha de poder, sabedoria e força que esteve presente desde o início, esperando o momento certo para se manifestar plenamente.

O chamado final não é apenas um convite; é um desafio. Não basta desejar a conexão com os dragões, é preciso provar que se está pronto para recebê-los. Eles não respondem a meras curiosidades ou intenções superficiais, pois sua presença exige preparação, maturidade e coragem para encarar verdades que podem ser desconfortáveis. Cada um que trilha esse caminho precisa se perguntar: estou disposto a abandonar as velhas ilusões? Tenho coragem para enfrentar os desafios que virão? A presença de um dragão não é uma dádiva concedida sem propósito; ela é um reflexo do que foi conquistado, da clareza que foi desenvolvida e da força interna que se consolidou ao longo da jornada. Por isso, aqueles que hesitam, que duvidam ou que ainda carregam consigo amarras emocionais e mentais encontrarão dificuldades em seguir adiante. O verdadeiro encontro com os dragões acontece apenas quando há uma entrega total ao processo de transformação, sem reservas ou resistência.

Os sinais da prontidão estão por toda parte para aqueles que aprenderam a enxergá-los. Sonhos vívidos onde os dragões se manifestam, sincronicidades inesperadas, uma mudança profunda na percepção da realidade – todos esses são indícios de que a energia dracônica está se aproximando. Mas o mais importante não está fora, e sim dentro: uma sensação inexplicável de que algo grandioso está por vir, um despertar que ecoa na alma e que ressoa com uma verdade inquestionável. Esse é o chamado final. Agora, resta apenas a decisão. Está pronto para dar o próximo passo e cruzar o limiar que separa o que foi e o que ainda pode ser?

Os dragões não são entidades que aparecem por acaso. Sua energia não pode ser simplesmente invocada por desejo ou necessidade momentânea. Eles surgem para aqueles que demonstram estar preparados para receber seus ensinamentos e para lidar com as responsabilidades que vêm com essa conexão. Muitas tradições espirituais falam da importância da maturidade espiritual antes de se aproximar de seres de grande poder. No caso dos dragões, essa preparação envolve mais do que apenas rituais e invocações; exige uma mudança na forma de perceber a realidade e interagir com o mundo.

A prontidão para esse encontro não se mede apenas pelo conhecimento acumulado, mas pela disposição em abandonar velhas crenças limitantes e abraçar o desconhecido com coragem. Os dragões desafiam aqueles que os buscam a se tornarem versões mais autênticas de si mesmos, exigindo integridade, determinação e um compromisso inabalável com a verdade. Eles não oferecem caminhos fáceis nem respostas prontas, mas colocam o indivíduo diante de desafios que o forçam a crescer, a se fortalecer e a expandir sua consciência.

Os sinais de que alguém está pronto para o encontro com os dragões são sutis, mas claros para quem aprende a observá-los. Uma das primeiras indicações é a presença constante de sincronicidades envolvendo dragões – seja por meio de imagens, menções inesperadas em conversas ou mesmo sonhos repetitivos onde esses seres aparecem. Essas manifestações sugerem que a energia dracônica está se aproximando, testando o nível de receptividade do indivíduo. Além disso, há uma transformação interna perceptível: uma vontade crescente de se libertar de padrões destrutivos, um desejo profundo de compreender mistérios ocultos e uma coragem renovada para enfrentar desafios que antes pareciam intransponíveis.

Para aqueles que sentem esse chamado, a preparação se torna essencial. Meditações focadas na energia dos dragões, práticas de alinhamento energético e o estudo aprofundado das suas simbologias são formas de fortalecer essa conexão. Mas, acima de tudo, é necessário cultivar um espírito de respeito e humildade. Os dragões não respondem à arrogância ou à busca por poder pessoal; eles se manifestam para aqueles que desejam compreender a si mesmos e o universo de maneira mais profunda.

O encontro com um dragão, seja em um sonho, em uma visão ou em uma experiência espiritual intensa, não é algo que pode ser forçado. Ele acontece quando a alma está pronta, quando a mente está aberta e quando o coração está livre de expectativas rígidas. Muitas pessoas relatam que, quando finalmente encontraram um dragão, não foi da maneira que esperavam. Alguns descreveram uma presença imensa e indescritível, que se fez sentir como uma onda de calor ou eletricidade percorrendo o corpo. Outros viram os dragões como figuras imponentes e serenas, comunicando-se através de símbolos, olhares ou sensações profundas. Há aqueles que apenas sentiram uma força ao seu redor, como um escudo invisível que os protegeu em momentos de crise.

Independentemente da forma que o encontro assume, ele sempre provoca mudanças. Quem entra em contato com um dragão de verdade nunca mais vê a vida da mesma maneira. O medo se dissipa, a percepção se expande e um novo senso de propósito se instala. Isso não significa que a jornada se torna fácil, mas que o indivíduo agora possui um aliado poderoso ao seu lado, uma força que o inspira a continuar crescendo, aprendendo e enfrentando os desafios com sabedoria e determinação.

O chamado dos dragões não é para todos. Ele ressoa apenas naqueles que estão prontos para aceitar sua grandiosidade e os desafios que ela traz. Se você sente essa conexão, se os dragões povoam seus pensamentos, sonhos e intuições, então talvez já esteja preparado para o encontro. Mas lembre-se: esse não é o fim da jornada, e sim o início de uma nova fase, onde a presença dracônica se tornará um guia constante, impulsionando sua evolução em níveis que você ainda nem consegue imaginar.

Agora, a decisão está em suas mãos. Você está pronto para atender ao chamado?

Epílogo

Quisiera expresar mi más sincera gratitud a usted, querido lector, por dedicar su tiempo y atención a esta profunda exploración sobre la verdadera naturaleza de los dragones. Esperamos que este viaje a través de las páginas de este libro haya despertado su curiosidad, expandido su comprensión y, quién sabe, incluso tocado una fibra sensible en su alma.

Creemos que la búsqueda del conocimiento y la apertura a nuevas perspectivas son caminos esenciales para nuestro crecimiento individual y colectivo. Al permitirse considerar la posibilidad de que los dragones sean más que meras figuras de la mitología, usted demuestra una mente abierta y una sed por comprender las capas más profundas de la realidad.

La concreción de este libro fue posible gracias al esfuerzo y la dedicación de muchas personas. En nombre del autor, quisiera agradecer a todos aquellos que contribuyeron directa o indirectamente a este proyecto. Agradecemos especialmente a aquellos que compartieron sus experiencias e ideas sobre el mundo sutil y la presencia de los dragones, enriqueciendo esta obra con sus vivencias personales.

También nos gustaría reconocer el trabajo incansable del equipo editorial, que con profesionalismo y atención al detalle, hizo de este libro una realidad. Agradecemos a los revisores, diseñadores y a todos los involucrados en la producción, cuya experiencia fue fundamental para dar forma a estas palabras y hacerlas accesibles a usted.

Por último, un agradecimiento especial a aquellos que, con su apoyo e incentivo, motivaron al autor a seguir adelante con esta investigación y a compartir su visión única sobre los dragones.

Esperamos sinceramente que la lectura de este libro haya sido una experiencia enriquecedora e inspiradora, y que la información aquí presentada pueda servir como punto de partida para un viaje aún más profundo en busca de la comprensión de nuestra conexión con el mundo espiritual y con las fuerzas elementales que lo rigen.

Que la sabiduría de los dragones, seres de poder y transformación, continúe inspirando sus pensamientos e iluminando su camino.

Con mis mejores deseos,
Luiz Santos Editor

www.ingramcontent.com/pod-product-compliance
Lightning Source LLC
LaVergne TN
LVHW040053080526
838202LV00045B/3610